LIBRO DE COCINA DE

EL

CÓDIGO DE LA OBESIDAD

Título original: The Obesity Code Cookbook
Traducido del inglés por Francesc Prims Terradas
Diseño de portada: Editorial Sirio, S.A.
Maquetación de interior: Toñi F. Castellón

© de la edición original
    2019 Jason Fung y Alison McLean

  Publicado inicialmente por Greystone Books Ltd.

© de la presente edición
    EDITORIAL SIRIO, S.A.
    C/ Rosa de los Vientos, 64
    Pol. Ind. El Viso
    29006-Málaga
    España

www.editorialsirio.com
sirio@editorialsirio.com

I.S.B.N.: 978-84-18000-08-9
Depósito Legal: MA-1677-2019

Impreso en Imagraf Impresores, S. A.
c/ Nabucco, 14 D - Pol. Alameda
29006 - Málaga

Impreso en España

Puedes seguirnos en Facebook, Twitter, YouTube e Instagram.

Dr. JASON FUNG

LIBRO DE COCINA DE

EL
CÓDIGO DE LA OBESIDAD

Recetas para controlar la
insulina, perder peso y
mejorar tu salud

Editorial
SIRIO

Este libro está dedicado a mi familia, que siempre me ha ayudado y apoyado en el transcurso de mi recorrido vital, lo cual concibo como una bendición. Para mis padres, Wing y Mui Hun Fung, Michael y Margaret Chan, que me han enseñado mucho. Para mi bella esposa, Mina, que lo es todo para mí. Para mis hijos, Jonathan y Matthew, que me aportan tanto gozo.

Índice

INTRODUCCIÓN 11

    La epidemia de obesidad 11

    Qué comer 21

    Cuándo comer 33

    Datos prácticos sobre el ayuno y preguntas frecuentes 38

RECETAS 47

Para tener en la despensa 49

Para poner fin al ayuno 55

Ensaladas contundentes 73

Verduras 91

Aves de corral: pollo, pato y pavo 111

Pescado y marisco 127

Carnes: vacuno, cordero y cerdo 151

Caprichos dulces y refrigerios 173

Caldos y otras bebidas 191

APÉNDICE: PLANES DE AYUNO 203

Agradecimientos 207

Índice temático 209

Introducción

LA EPIDEMIA DE OBESIDAD

Crecí en Toronto (Canadá), a principios de los setenta. En esa época me habría sorprendido mucho si alguien me hubiera dicho que la obesidad sería un fenómeno global creciente e imparable solo un par de décadas más tarde. En aquel entonces, había serios miedos de tipo malthusiano de que las necesidades nutricionales de la población mundial superasen pronto la capacidad global de producción de alimentos y nos viésemos abocados a una hambruna masiva. La principal preocupación ambiental era el *enfriamiento* del planeta debido al reflejo de la luz solar en las partículas de polvo presentes en el aire, que se esperaba que desencadenara el surgimiento de una nueva edad de hielo.

Pero casi cincuenta años después estamos lidiando con los problemas opuestos. Hace tiempo que el enfriamiento global ha dejado de ser una preocupación seria, y es el calentamiento global y el derretimiento de los casquetes polares lo que destaca en las noticias. En lugar del hambre global y la inanición masiva, nos enfrentamos a una epidemia de obesidad que no tiene precedentes en la historia de la humanidad.

Esta epidemia de obesidad incluye dos aspectos desconcertantes.

En primer lugar, ¿qué la ha causado? El hecho de que sea global y relativamente reciente no avala el argumento de que se deba a un defecto genético subyacente. Y el ejercicio como actividad de ocio con la que la gente sudaba aún no estaba extendido en la década de los setenta; los gimnasios, clubes de atletismo y salas de ejercicio proliferaron en los años ochenta.

En segundo lugar, ¿por qué somos tan incapaces de detener este fenómeno? Nadie quiere estar gordo. Durante más de cuarenta años, los médicos no han parado de indicar que seguir una dieta baja en grasas y en calorías es la forma de mantenerse delgado. Sin embargo, la epidemia de obesidad no ha dejado de aumentar. Entre 1985 y 2011, la prevalencia de la obesidad en Canadá se triplicó; pasó del 6 al 18 %. Todos los datos disponibles muestran que la gente intentaba desesperadamente reducir la ingesta de calorías y grasas y hacer ejercicio con mayor frecuencia, pero esto no conducía a la pérdida de peso. La única respuesta lógica es que no entendíamos el problema. La ingesta excesiva de grasas y calorías no era la causa, por lo que reducir su consumo no era la solución. En ese caso, ¿qué es lo que ocasiona el aumento de peso?

En la década de los noventa, me gradué en la Universidad de Toronto y la Universidad de California, Los Ángeles, como nefrólogo. Debo confesar que no tuve ni el más mínimo interés en el tratamiento de la obesidad mientras estuve en la facultad, en la residencia o cursando la especialidad, ni siquiera cuando empecé a ejercer como médico. Pero no era el único; este desinterés lo compartían casi todos los médicos que, en esa época, se habían formado en América del Norte. En la facultad de medicina no nos habían enseñado prácticamente nada sobre nutrición, y mucho menos sobre el tratamiento de la obesidad. Habíamos asistido a muchas horas de conferencias dedicadas a los medicamentos y la cirugía adecuados para tratar a los pacientes. Sabía cómo utilizar cientos de fármacos y cómo aplicar la diálisis. Lo sabía todo sobre los tratamientos quirúrgicos y sobre las indicaciones que había que dar a los enfermos. Pero no sabía nada acerca de cómo ayudar a perder peso, a pesar del hecho de que la epidemia de obesidad ya estaba bien consolidada y la de diabetes tipo 2 la seguía de cerca, con todas sus implicaciones para la salud. Sencillamente, los médicos no se preocupaban por la dieta; para eso estaban los dietistas.

Pero la dieta y mantener un peso saludable constituyen una parte esencial de la salud humana. No se trata solamente de tener buen aspecto en biquini en verano; ojalá. El exceso de peso con el que estaba cargando la gente era más que un problema estético: era responsable, en gran parte, del desarrollo de la diabetes tipo 2 y el síndrome metabólico, e incrementaba drásticamente el riesgo de ataques cardíacos, accidentes cerebrovasculares, cáncer, nefropatía (enfermedad renal), ceguera, amputaciones y neuropatía (daño en los nervios), entre otros problemas. La obesidad no era un asunto secundario en el ámbito médico; me fui dando cuenta de que era omnipresente en la mayoría de las enfermedades con las que me encontraba en mi profesión, y no sabía casi nada al respecto.

Como nefrólogo, lo que sí sabía era que la causa más habitual de insuficiencia renal era, con diferencia, la diabetes tipo 2. Y trataba a los pacientes diabéticos como me habían enseñado a hacer, de la única manera que sabía: con medicamentos como la insulina y procedimientos como la diálisis.

Sabía por experiencia que la insulina ocasionaba aumento de peso. En realidad, todo el mundo lo sabía. Los pacientes estaban preocupados con razón. «Doctor —decían—, usted siempre me ha dicho que pierda peso. Pero la insulina que me recetó me hace engordar mucho. ¿En qué me ayuda?». Durante mucho tiempo, no tuve una buena respuesta para darles, porque la verdad es que la insulina no era la solución.

Bajo mi cuidado, mis pacientes no estaban mejorando su estado de salud; no hacía más que sostener sus manos mientras se deterioraban. No eran capaces de perder peso. Su diabetes tipo 2 avanzaba. Su nefropatía se agravaba. Los medicamentos, las intervenciones quirúrgicas y los procedimientos no les estaban haciendo ningún bien. ¿Por qué?

La causa raíz de todo el problema era el peso. Su obesidad estaba causando el síndrome metabólico y la diabetes tipo 2, que daban lugar a todos sus otros problemas de salud. Pero casi todo el sistema de la medicina moderna, con su farmacopea, su nanotecnología y su magia genética, estaba centrado de forma miope en los problemas que se manifestaban en último lugar.

Nadie estaba tratando la causa raíz. Aunque se tratase la nefropatía con diálisis, los pacientes seguían padeciendo obesidad, diabetes tipo 2 y cualquier otra complicación relacionada con la obesidad. Debíamos tratar esta; sin embargo, estábamos intentando ocuparnos de los problemas causados por la obesidad en lugar de tratar la obesidad misma. Así era como nos habían enseñado a ejercer la medicina en este contexto, a mí y a prácticamente todos los otros médicos de América del Norte. Pero no estaba funcionando.

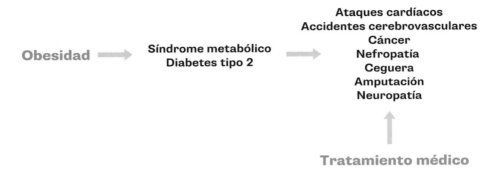

Figura 1. Paradigma del tratamiento médico convencional

Cuando los pacientes pierden peso, su diabetes tipo 2 da marcha atrás. Por lo tanto, tratar la causa raíz de la diabetes es la única forma lógica de abordar esta enfermedad. Si tu automóvil pierde aceite, la solución no es comprar más aceite y trapos para limpiar el aceite derramado. La solución es encontrar la fuga y arreglarla. Como profesionales médicos, éramos culpables de ignorar la fuga y limitarnos a limpiar el desastre.

Si pudiéramos tratar la obesidad al principio (ver la figura 1), la diabetes tipo 2 y el síndrome metabólico no se desarrollarían. Uno no puede contraer la nefropatía diabética ni la neuropatía diabética si no tiene diabetes. Visto en retrospectiva, parece muy obvio.

De manera que supe qué era lo que estábamos haciendo mal. El problema era que no sabía cómo cambiar el rumbo; desconocía cómo tratar la obesidad. A pesar de llevar más de diez años trabajando como médico, descubrí que mis conocimientos sobre nutrición eran elementales, en el mejor de los casos. Esta toma de conciencia me embarcó en una odisea durante una década y finalmente me llevó a establecer el programa Gestión Dietética Intensiva (www.IDMprogram.com) y a fundar la Clínica Metabólica de Toronto (www.torontometaboliccclinic.com).

Al pensar seriamente en el tratamiento de la obesidad, me di cuenta de que la pregunta más importante que había que hacerse era: ¿qué ocasiona la subida de peso? Es decir, ¿cuál es la causa raíz del aumento de peso y la obesidad? La razón por la que nunca reflexionamos sobre esta cuestión crucial es que creemos que ya sabemos la respuesta. Creemos que la causa de la obesidad es la ingesta excesiva de calorías. Si esto fuera cierto, la clave para la pérdida de peso sería simple: comer menos calorías.

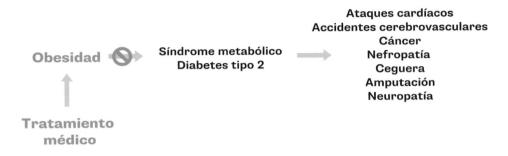

Figura 2. Paradigma más efectivo de tratamiento médico

Pero ya hemos hecho esto. Hasta el hastío. Durante los últimos cuarenta años, el único consejo para perder peso ha sido reducir la ingesta calórica y hacer más ejercicio. Se trata de la estrategia altamente ineficaz llamada «come menos y muévete más». Hay cómputos de calorías en todas las etiquetas de alimentos. Tenemos libros centrados en el cálculo de las calorías. Contamos con aplicaciones para contar calorías. Disponemos de contadores de calorías en los aparatos de gimnasia. Hemos hecho todo lo humanamente posible para contar las calorías con el fin de poder reducirlas. ¿Han funcionado todos estos recursos? ¿Se han derretido los kilos de más como un muñeco de nieve en julio? No. Parece que el control de las calorías *debería* funcionar, pero la evidencia empírica, tan manifiesta como un lunar en la punta de la nariz, es que no funciona.

Desde el punto de vista fisiológico, todo el asunto de las calorías se derrumba como un castillo de naipes cuando se examina de cerca. El cuerpo no responde a las «calorías». No hay receptores de calorías en las superficies celulares. El cuerpo no tiene la capacidad de saber cuántas calorías estás ingiriendo o dejando de ingerir. Si nuestro organismo no cuenta las calorías, ¿por qué deberíamos hacerlo nosotros? Una caloría no es más que una unidad de energía que hemos tomado prestada de la física. En el campo de la medicina para la obesidad, fruto de la desesperación por encontrar una forma simple de medir la energía procedente de los alimentos, se ignoró por completo la fisiología humana y, en lugar de ello, se recurrió a la física.

«Una caloría es una caloría» no tardó en convertirse en la declaración de moda. También dio lugar a una pregunta: ¿todas las calorías procedentes de los alimentos engordan por igual? La respuesta es un *no* rotundo. Cien calorías contenidas en una ensalada de col rizada no engordan tanto como cien calorías alojadas en dulces. Cien calorías de alubias no engordan tanto como cien calorías de pan blanco y mermelada. Pero durante los últimos cuarenta años hemos creído que todas las calorías engordan por igual.

Esta es la razón por la que escribí *El código de la obesidad*.[*] En ese libro me basé en lo que aprendí durante los diez años en los que ayudé a miles de pacientes a perder peso a través de mi programa Gestión Dietética Intensiva. La nutrición es la clave del metabolismo, es decir, el proceso de descomponer las moléculas de los alimentos con el fin de proporcionar energía (calorías) para el cuerpo y usar esa energía para construir, mantener y reparar los tejidos corporales y permitir que el organismo funcione de manera eficiente. Para responder a la importantísima pregunta de cuáles son las causas subyacentes del aumento de peso, empecé por el principio, puse en evidencia el modelo de las calorías y expliqué lo que está sucediendo en realidad: la obesidad es un desequilibrio hormonal, no calórico. Y lo que comemos y cuándo lo comemos influye de forma importante en la capacidad que tenemos de controlar el aumento y la pérdida de peso.

La insulina

Nada ocurre por accidente en nuestro cuerpo. Cada proceso fisiológico es dirigido escrupulosamente por señales hormonales. Son las hormonas las que determinan si nuestro corazón late más rápido o más despacio, si orinamos mucho o poco, o si las calorías que ingerimos se queman como energía o se almacenan como grasa corporal. Esto significa que el principal problema en cuanto a la obesidad no es la cantidad de calorías que tomamos, sino cómo las gastamos. Y la principal hormona que debemos conocer es la insulina.

---

[*] Editorial Sirio, 2017.

La insulina es una hormona que promueve el almacenamiento de la grasa. Este es su trabajo, y no tiene nada de malo. Cuando comemos, la producción de insulina aumenta, lo que le indica al cuerpo que almacene algo de energía alimentaria como grasa corporal. Cuando no comemos, la producción de insulina disminuye, lo que le indica al cuerpo que queme la energía almacenada (la grasa corporal). Los niveles de insulina más altos de lo normal le dicen a nuestro cuerpo que almacene más energía alimentaria como grasa corporal.

Todo lo que tiene que ver con el metabolismo humano, incluido el peso corporal, depende de la señalización hormonal. Una variable fisiológica fundamental como la gordura corporal no se deja en manos de los caprichos de la ingesta calórica diaria y el ejercicio. Si los humanos primitivos hubiesen estado demasiado gordos, no habrían podido correr y cazar fácilmente, y los habrían atrapado con mayor facilidad. Si hubiesen estado demasiado delgados, no habrían podido sobrevivir a los tiempos difíciles. La gordura corporal es un factor determinante para la supervivencia de las especies.

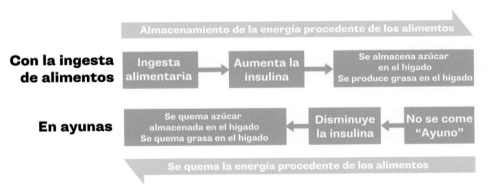

Figura 3. La ganancia y la pérdida de peso dependen de la hormona insulina

Por lo tanto, son las hormonas las que regulan de forma precisa y estricta la grasa corporal. No controlamos conscientemente nuestro peso más de lo que controlamos el ritmo cardíaco o la temperatura de nuestro cuerpo. Estos se regulan automáticamente, y lo mismo ocurre con nuestro peso. Es una hormona la que nos dice que tenemos hambre (la grelina). Son dos hormonas las que nos dicen que estamos llenos (el péptido YY y la colecistoquinina). Es una hormona la que incrementa el gasto energético (la adrenalina). Son dos hormonas las que mitigan el gasto energético (las hormonas tiroideas). Y *la obesidad es el resultado de un desarreglo hormonal que lleva a acumular grasa*. Engordamos porque le hemos dado al cuerpo la señal hormonal de que almacene más grasa corporal. La principal señal hormonal la proporciona la insulina, y el nivel de esta sube o baja en función de la dieta.

Los niveles de insulina son casi un 20 % más altos en las personas obesas que en las que se encuentran dentro de un rango de peso saludable, y estos niveles elevados se correlacionan estrechamente con índices importantes como la circunferencia de la cintura y el índice cintura-cadera. ¿Significa esto que los niveles altos de insulina causan la obesidad?

La hipótesis de que la insulina causa la obesidad es fácil de comprobar: si les das insulina a un conjunto aleatorio de personas, ¿engordarán? La respuesta corta es un *sí* rotundo. Los pacientes que se tratan con insulina con regularidad y los médicos que la recetan ya conocen la terrible verdad: cuanta más insulina se administra, mayor es la obesidad que se obtiene. Numerosos estudios han demostrado este hecho. La insulina hace que el peso aumente.

En el emblemático *Ensayo sobre el Control y las Complicaciones de la Diabetes*, de 1993, los investigadores compararon una dosis estándar de insulina con dosis altas diseñadas para controlar rigurosamente el azúcar en sangre en pacientes con diabetes tipo 1. Las dosis elevadas de insulina permitieron controlar mejor el azúcar en sangre, pero ¿qué ocurrió con el peso de los participantes? Los que estaban en el grupo que recibió dosis altas ganaron, de media, unos cuatro kilos y medio más que los participantes que estaban en el grupo estándar. ¡Más del 30 % de los pacientes experimentaron un gran aumento de peso! Antes del estudio, los miembros de ambos grupos tenían un peso semejante, y eran ligeramente obesos. La única diferencia entre los dos grupos fue la cantidad de insulina que se les administró. Una mayor cantidad de insulina desembocó en un aumento de peso mayor.

La insulina causa la obesidad. A medida que aumentan los niveles de insulina, también lo hace el peso corporal de referencia. El hipotálamo (una región del cerebro) envía señales hormonales al cuerpo para que suba de peso.

Tenemos hambre y comemos. Si restringimos deliberadamente nuestra ingesta calórica en respuesta a esta señal, nuestro gasto energético total se reducirá. El resultado es el mismo: ganamos peso.

Una vez que entendemos que la obesidad es un desequilibrio hormonal, podemos comenzar a tratarla. Dado que el exceso de insulina causa la obesidad, el tratamiento exige que *reduzcamos los niveles de insulina*. La cuestión no es cómo equilibrar las calorías sino cómo equilibrar la insulina, nuestra principal hormona almacenadora de grasa.

Los niveles de insulina aumentan si se da cualquiera de estas dos circunstancias:

1. Comemos más alimentos del tipo que estimula la producción de insulina.
2. Seguimos comiendo los mismos alimentos que estimulan la producción de insulina, pero con mayor frecuencia.

Objetivos

En *El código de la obesidad* expuse los aspectos científicos relativos al aumento de peso y cómo aplicar ese conocimiento a la pérdida de peso. Esos aspectos científicos conforman la teoría que hay detrás de los muchos éxitos que ha obtenido el programa Gestión Dietética Intensiva a lo largo de los años. Con este libro de cocina, espero que te resulte aún más fácil implementar el programa en tu vida diaria, ya que te proporciona recetas y menús simples y deliciosos.

La clave para controlar el peso de forma duradera es controlar la principal hormona responsable de él, que, como he expuesto, es la insulina. No hay medicamentos que puedan controlar la insulina; esto solo puede hacerse efectuando cambios en la dieta. Hay dos factores simples que se deben contemplar: lo alto que está el nivel de insulina después de comer y la cantidad de tiempo que persiste ese nivel.

1. *Lo que* comemos determina lo arriba que llega el pico de insulina.
2. *Cuándo* comemos determina la persistencia del nivel de insulina.

La mayor parte de las dietas abordan solamente el primer factor y, por lo tanto, fracasan a largo plazo. No es posible abordar solo la mitad del problema y lograr un éxito completo. La dieta apropiada no tiene que ser baja en calorías. Ni baja en grasas. Ni vegetariana. Ni carnívora. Tampoco tiene que ser, necesariamente, baja en carbohidratos. Tiene que ser una dieta diseñada para reducir los niveles de insulina, porque esta es el desencadenante fisiológico del almacenamiento de grasa. Si deseas reducir el almacenamiento de grasa, debes reducir la cantidad de insulina, y esto se puede hacer incluso con una dieta rica en carbohidratos.

La historia nos muestra que esto es así. Muchas sociedades tradicionales han tenido los carbohidratos como base de su dieta y no por ello han sufrido una obesidad desenfrenada. En la pasada década de los setenta, antes de la epidemia de obesidad, los irlandeses adoraban sus patatas. Los asiáticos adoraban su arroz blanco. Los franceses adoraban su pan. Incluso en Estados Unidos, mientras la música disco causaba furor en la nación y *La guerra de las galaxias* y *Tiburón* se proyectaban en cines repletos, la gente comía pan blanco y mermelada. Comía helados. Comía galletas. *No* comía pasta de trigo integral. *No* comía quinoa. *No* comía col rizada. *No* contaba las calorías. *No* contaba los carbohidratos netos. Ni siquiera hacía mucho ejercicio. La gente lo estaba haciendo todo «mal» pero prácticamente no había obesidad, sin que hiciese falta un esfuerzo colectivo por evitarla. ¿Por qué? La respuesta es simple. Acércate más. Escucha con atención.

Años atrás, **la gente no estaba comiendo todo el tiempo**.

Combinar una dieta que no promueva la insulina con un horario de comidas adecuado es la forma más potente de controlar el peso. Si permites que tu cuerpo pase un tiempo en estado de «ayuno», utilizarás la energía que almacenaste cuando comiste. Esta obra ofrece una manera sencilla de hacerlo: las recetas te ayudarán a controlar el nivel de insulina cuando estés comiendo y el apéndice presenta una guía sobre cómo alternar entre el disfrute de las recetas y los períodos de ayuno.

QUÉ COMER

Todos los estudios realizados a lo largo de los años sobre las dietas han arrojado dos resultados destacados. El primero es que todas las dietas funcionan. El segundo es que todas las dietas fallan. ¿Qué quiero decir con esto? La pérdida de peso sigue siempre la misma curva básica: tanto si se trata de la dieta mediterránea, la Atkins o incluso el enfoque tradicional de comer pocas grasas y pocas calorías, todas las dietas llevan a perder peso a corto plazo. Sin embargo, entre seis y doce meses después del inicio de la dieta, la pérdida de peso se estabiliza y luego los kilos empiezan a acumularse nuevamente, aunque la persona no haya dejado de ceñirse a la dieta. Por ejemplo, en el Programa de Prevención de la Diabetes, que duró diez años, tuvo lugar una pérdida de peso de siete kilos un año después del inicio. A ello le siguió la estabilización y, después, la temida subida. Al final del estudio, no había ninguna diferencia entre el peso de los participantes que habían hecho dieta y los que no.

Esto quiere decir que todas las dietas fallan. La pregunta es: ¿por qué? Para que la pérdida de peso sea permanente debe seguirse un proceso de dos pasos, ya que hay un problema a corto plazo y un problema a largo plazo. El hipotálamo determina el peso corporal de referencia, es decir, fija el «termostato de la grasa» (para obtener más información sobre el peso corporal de referencia, consulta *El código de la obesidad*). La insulina sitúa más arriba dicho peso de referencia. A corto plazo, podemos usar varias dietas para adelgazar; no obstante, una vez que nuestro peso desciende por debajo del de referencia, nuestro cuerpo activa mecanismos para recuperarlo. Este es el problema a largo plazo.

También es importante reconocer que la obesidad es un problema multifactorial. No tiene una sola causa. ¿Las calorías dan pie a la obesidad? Sí, en parte. ¿Los carbohidratos provocan la obesidad? Sí, en parte. ¿La fibra nos protege de la obesidad? Sí, en parte. ¿La resistencia a la insulina ocasiona la obesidad? Sí, en parte. ¿El azúcar genera la obesidad? Sí, en parte. Todos estos factores convergen en varias vías hormonales, la más importante de las cuales es la insulina, que conducen al aumento de peso. Las dietas bajas en carbohidratos reducen la insulina. Las dietas bajas en calorías restringen la ingesta de todo tipo de alimentos y, por lo tanto, reducen los niveles de insulina. La dieta paleolítica y la baja en carbohidratos y con grasas saludables, que incluyen pocos alimentos refinados y procesados, reducen los niveles de insulina. Las dietas a base de sopa de repollo y las que restringen la ingesta de alimentos de consuelo también lo hacen.

Con demasiada frecuencia, nuestro modelo actual de la obesidad presupone que hay una sola causa verdadera y que todas las demás son pretendientes al trono. Pero son múltiples causas superpuestas las que incrementan los niveles de insulina y conducen a la obesidad. En consecuencia, hay más de una forma de reducir la insulina. En el caso de algunos pacientes, el principal problema es el azúcar o son los carbohidratos refinados, y las dietas bajas en carbohidratos pueden ser la mejor opción para estas personas. En el caso de otros pacientes, el problema principal puede ser la resistencia a la insulina, y cambiar el horario de las comidas o realizar un ayuno intermitente puede ser lo más beneficioso para ellos. En otros casos, el cortisol es el tema dominante, y las técnicas de reducción del estrés o la corrección del insomnio pueden ser fundamentales. La falta de fibra puede ser el factor determinante para otros individuos. El tema común, en todos los casos, es el desequilibrio hormonal provocado por un exceso de insulina.

La obesidad es un trastorno hormonal de regulación de las grasas. La insulina es la principal hormona que impulsa el aumento de peso, por lo que el enfoque terapéutico racional consiste en reducir los niveles de insulina. La mayoría de las dietas abordan solamente una parte del problema, pero no tenemos por qué conformarnos con esto. En lugar de señalar a un solo punto de la cascada de la obesidad, necesitamos contar con múltiples objetivos y tratamientos. En lugar de comparar, por ejemplo, la estrategia alimentaria del bajo consumo de calorías con la del bajo consumo de carbohidratos, ¿por qué no seguir ambas? No hay ninguna razón por la que no podamos hacerlo. Presento a continuación un enfoque directo con esta finalidad.

Primer paso: Reduce el consumo de azúcares añadidos

El azúcar estimula la secreción de insulina, y hace algo mucho más siniestro que esto. El azúcar engorda especialmente porque aumenta la producción de insulina tanto de forma inmediata como a largo plazo. Se compone de cantidades iguales de glucosa y fructosa, y la fructosa contribuye directamente a la resistencia a la insulina en el hígado. Con el tiempo, la resistencia a la insulina conduce a unos niveles de insulina más altos. Los carbohidratos, como el pan, las patatas y el arroz, contienen principalmente glucosa, y no tienen fructosa.

Por lo tanto, los azúcares añadidos como la sacarosa y el jarabe de maíz de alta fructosa engordan excepcionalmente, mucho más que los otros alimentos. El azúcar engorda de manera única porque produce, directamente, resistencia a la insulina. Al no tener unas cualidades nutricionales que compensen los efectos negativos, los azúcares añadidos deberían ser uno de los primeros alimentos que habría que erradicar de *cualquier* dieta.

Muchos alimentos naturales integrales (no procesados) contienen azúcar. Por ejemplo, la fruta contiene fructosa, y la leche, lactosa. Pero los azúcares naturales y los añadidos son distintos. Se diferencian en dos aspectos clave: la cantidad y la concentración. Los alimentos naturales, excepto la miel, contienen una cantidad de azúcar limitada. Por ejemplo, una manzana puede ser dulce, pero no es azúcar en un cien por cien. En cambio algunos comestibles procesados en los que se emplean azúcares añadidos, como las golosinas, son azúcar casi en su totalidad.

Los azúcares a menudo se añaden a los alimentos durante el procesamiento o la cocción, lo cual presenta varias dificultades potenciales para las personas que siguen una dieta. En primer lugar, el azúcar puede añadirse en cantidades ilimitadas. En segundo lugar, puede estar presente en los alimentos procesados en concentraciones mucho más altas que en los alimentos naturales. En tercer lugar se pueden comer cantidades excesivas de dulces, ya que en ellos no hay ningún otro nutriente que pueda inducir saciedad; a menudo no incluyen ninguna cantidad de fibra alimentaria que ayude a compensar los efectos nocivos. Por ejemplo, es relativamente fácil comer el azúcar contenido en cinco manzanas (10 g por 100 g de manzana), pero comer cinco manzanas no es tan fácil. Los alimentos naturales activan unos mecanismos de saciedad que evitan el consumo excesivo, mientras que es muy posible que los alimentos procesados con azúcares añadidos no activen dichos mecanismos.

Lee las etiquetas de los productos que compras. Casi omnipresente en los alimentos refinados y procesados, el azúcar no siempre está etiquetado como tal. Otros nombres con los que aparece son sacarosa, glucosa, fructosa, maltosa, dextrosa, melaza, almidón hidrolizado, miel, azúcar invertido, azúcar de caña, glucosa-fructosa, jarabe de maíz de alta fructosa, azúcar moreno, edulcorante de maíz, jarabe (o sirope) de arroz/maíz/caña/arce/malta/palma, melaza de caña y néctar de agave. Estos «alias» intentan ocultar la presencia de grandes cantidades de azúcares añadidos. Un truco habitual consiste en usar varios de estos seudónimos en la etiqueta de los alimentos para que el azúcar no conste como primer ingrediente.

Entonces, ¿qué puedes tomar como postre? Los mejores postres son las frutas frescas de temporada, cultivadas localmente. Un tazón de frutas del bosque o cerezas con nata batida es una forma deliciosa de terminar una comida. Alternativamente, un pequeño plato de frutos secos y quesos también constituye un final muy satisfactorio para una comida, carente de la carga de los azúcares añadidos. La mayoría de los frutos secos están llenos de grasas monoinsaturadas saludables, tienen pocos carbohidratos o ninguno y son ricos en fibra, lo que aumenta los beneficios potenciales que tienen para la salud. Muchos estudios muestran la relación existente entre un mayor consumo de frutos secos y una mejor salud, incluido un menor riesgo de enfermedades cardíacas y diabetes. Pero como ocurre con cualquier alimento, la moderación es la clave para gozar de buena salud.

El chocolate negro con más de un 70 % de cacao, también tomado con moderación, es una delicia sorprendentemente saludable. El chocolate en sí se elabora con granos de cacao y no contiene azúcar de forma natural. Sin embargo, la mayor parte del chocolate con leche contiene grandes cantidades de azúcar y debe evitarse. El chocolate negro y semidulce contiene menos azúcar que el chocolate con leche y el blanco, así como cantidades significativas de fibra y antioxidantes como los polifenoles y los flavanoles. Los estudios realizados sobre el consumo de chocolate negro indican que puede ayudar a reducir la presión arterial, la resistencia a la insulina y el riesgo de enfermedad cardíaca.

El azúcar, ya sea natural o añadido, no debe ser más que un capricho ocasional. La palabra clave aquí es *ocasional*. No se debe tomar todos los días. Y no reemplaces el azúcar con edulcorantes artificiales, ya que estos incrementan la insulina tanto como el azúcar y es igual de fácil que ocasionen obesidad.

Toma decisiones inteligentes en cada comida y prescinde totalmente de los refrigerios. Y ten cuidado con los alimentos típicos del desayuno: a menudo son poco más que azúcar disfrazado, con frecuencia mezclado con grandes cantidades de carbohidratos altamente procesados. Los cereales para desayuno, especialmente los que van dirigidos a los niños, son uno de los alimentos más nefastos. Una regla simple que debes seguir es la siguiente: no comas cereales de desayuno azucarados ni productos hechos con este tipo de cereales, como ciertas galletas y barras «energéticas». Si te empeñas en comer cereales, procura que contengan menos de una cucharadita (4 g) de azúcar por ración. El yogur tradicional y el griego son alimentos nutritivos; sin embargo, los yogures comerciales a menudo incluyen grandes cantidades de azúcares añadidos. Un yogur comercial con fruta endulzada puede contener casi ocho cucharaditas (31 g) de azúcar. Prueba alternativas más saludables, como los copos de avena o los huevos.

LOS COPOS DE AVENA

Los copos de avena son un desayuno tradicional y saludable. La avena integral y la avena cortada al acero son buenas opciones, aunque hacen falta largos tiempos de cocción para descomponer las cantidades significativas de fibra que contienen. Evita la avena instantánea, que está muy procesada y refinada; en muchos casos, este producto contiene saborizantes artificiales y grandes cantidades de azúcar.

LOS HUEVOS

Los huevos, que se evitaban porque se creía que fomentaban el colesterol sanguíneo, constituyen un alimento integral natural que se puede disfrutar de varias maneras. La clara es rica en proteínas y la yema contiene muchas vitaminas y minerales, como colina y selenio. Los huevos son fuentes especialmente buenas de luteína y zeaxantina, antioxidantes que pueden ayudar a proteger contra problemas oculares como la degeneración macular y las cataratas. El colesterol presente en ellos puede hacer que las partículas de colesterol que hay en la sangre pasen a ser las más grandes y menos dañinas. De hecho, grandes estudios epidemiológicos no han logrado vincular el aumento del consumo de huevos con una mayor incidencia de enfermedades cardíacas. Sobre todo, come huevos porque son alimentos deliciosos y enteros, no procesados.

Si no tienes hambre a la hora del desayuno, es perfectamente aceptable que rompas el ayuno al mediodía con un almuerzo saludable. Pero tampoco es perjudicial el hecho de desayunar. Acuérdate, eso sí, de comer alimentos enteros, no procesados, en todas las comidas, y prescinde de los refrigerios. ¿Y si no tienes tiempo para comer? En ese caso no comas, pero no lo compenses con una bebida endulzada con azúcar.

Las bebidas azucaradas son una de las principales fuentes de azúcares añadidos en la dieta norteamericana. Son todas las gaseosas, los tés azucarados, los zumos de frutas, los ponches de frutas, las aguas vitaminadas, los licuados, los batidos, las limonadas, la leche con chocolate u otras leches con sabor, las bebidas de café con hielo y las bebidas energéticas. Las bebidas calientes como el chocolate caliente, el *mocachino*, el café y el té también pueden estar cargadas de azúcar, especialmente cuando no las prepara uno mismo en casa.

¿Y el alcohol? El alcohol se elabora a partir de la fermentación de azúcares y almidones procedentes de diversas fuentes. Las levaduras se comen los azúcares y los convierten en alcohol. El consumo moderado de vino tinto no aumenta los niveles de insulina ni agrava la sensibilidad a la insulina; por lo tanto, esta bebida puede disfrutarse ocasionalmente. Un consumo de hasta dos vasos al día (175 ml por vaso) no está asociado con un incremento de peso importante y puede ayudar con la sensibilidad a la insulina. Pero las bebidas alcohólicas de moda como el vodka con limón, los cócteles con sabor, la sidra, la cerveza y los licores y cócteles tradicionales a menudo están cargados de jarabes y otros saborizantes dulces y pueden añadir cantidades significativas de azúcar a tu dieta.

¿Qué beber entonces? La mejor bebida es el agua sola o con gas. Se le pueden agregar rodajas de limón, lima o naranja para conseguir un efecto refrescante. Añadir al agua frutas (por ejemplo, fresas), hierbas (por ejemplo, menta) o verduras (por ejemplo, pepino) y dejarla reposar durante la noche es una excelente manera de darle un poco de sabor. Si cuentas con una máquina de carbonatación doméstica, podrás preparar tu propia agua con gas saborizada por muy poco dinero. Hay algunas otras bebidas, como el café y el té, que también son deliciosas y no hacen subir los niveles de insulina:

EL CAFÉ

Debido a su alto contenido en cafeína, el café a veces se considera poco saludable. Sin embargo, investigaciones recientes han llegado a la conclusión opuesta, tal vez porque es una fuente importante de antioxidantes, magnesio, lignanos y ácido clorogénico. El café, incluido el descafeinado, parece proteger contra la diabetes tipo 2. En una revisión realizada en 2009, cada taza de café diaria mostró reducir el riesgo de diabetes en un 7 % (hasta un máximo de seis tazas diarias, que reducían el riesgo en un 42 %). Es posible que el café proteja contra el alzhéimer y el párkinson, y también contra la cirrosis hepática y el cáncer de hígado. Si bien estos estudios correlacionales son sugerentes, no demuestran que los beneficios expuestos existan. En cualquier caso, parecen indicar que tal vez el café no sea tan dañino como habíamos imaginado (¡pero acuérdate de no ponerle azúcar!).

EL TÉ

Después del agua, el té es la bebida más popular del mundo. El té negro es la variedad más común; representa casi el 75 % del consumo mundial de té. Las hojas cosechadas están completamente fermentadas, lo cual le da a este té su color negro característico. El té negro tiende a ser más rico en cafeína que las otras variedades. El té azul (u *oolong*) está semifermentado, es decir, ha sido sometido a un período de fermentación más corto. El té verde no está fermentado; las hojas recién cosechadas son sometidas a la acción del vapor inmediatamente para detener la fermentación, lo que le da a este té un sabor mucho más delicado y floral. El té verde tiene mucha menos cafeína que el café, por lo que es una bebida ideal para quienes son sensibles a los efectos estimulantes de esta sustancia.

Los polifenoles del té verde pueden estimular el metabolismo, lo cual puede mejorar la quema de grasa. Además, el consumo de té verde se ha relacionado con una mayor oxidación de las grasas durante el ejercicio, un mayor gasto de energía en reposo y un riesgo menor de varios tipos de cáncer. El té verde es una fuente especialmente rica de catequinas, que se cree que protegen contra las enfermedades metabólicas. La preparación del té verde destruye algunas de sus saludables catequinas, por lo que otra buena opción es usar cristales de té (me gustan los cristales de té Pique, en los que se ha procedido a la cristalización en frío para aumentar el contenido de catequinas).

Los tés de hierbas son infusiones de hierbas, especias u otras materias vegetales en agua caliente. No son verdaderos tés, ya que no contienen hojas de té, pero son excelentes bebidas sin azúcares añadidos.

EL CALDO DE HUESOS

Las tradiciones culinarias de casi todas las culturas incluyen el nutritivo y delicioso caldo de huesos: huesos hervidos con verduras, hierbas y especias para dar sabor a la bebida. El largo tiempo de cocción lenta (que se extiende entre cuatro y cuarenta y ocho horas) hace que se liberen la mayoría de los minerales, la gelatina y los nutrientes de los huesos. La adición de una pequeña cantidad de vinagre durante la cocción ayuda a que salgan algunos de los minerales almacenados. Los caldos de huesos son muy ricos en aminoácidos como la prolina, la arginina y la glicina, así como en minerales como el calcio, el magnesio y el fósforo.

Segundo paso: Reduce el consumo de cereales refinados

Los cereales refinados como la harina blanca estimulan la insulina en mayor grado que casi cualquier otro alimento. Si reduces tu consumo de harina y cereales refinados, mejorarás sustancialmente el potencial de tu pérdida de peso. Puedes disminuir sin problemas el consumo de harina blanca, que no aporta nada desde el punto de vista nutricional, e incluso erradicarla de tu dieta. A las harinas blancas enriquecidas se les quitan todos los nutrientes durante el procesamiento y se les añaden más tarde para hacer ver que son saludables.

El trigo integral y otros cereales y harinas integrales ofrecen una ventaja mínima sobre la harina blanca porque contienen más vitaminas y fibra, que ayudan a proteger contra los picos de insulina. Pero la harina integral también se procesa altamente en molinos modernos. Es preferible la harina molida con un molino de piedra tradicional. Las partículas ultrafinas producidas por las técnicas modernas de molienda aseguran que la harina, incluida la de trigo integral, sea absorbida rápidamente por el intestino, lo que incrementa el efecto de la insulina.

Los carbohidratos deben disfrutarse en su forma natural, entera, sin procesar. Muchas dietas tradicionales basadas en los carbohidratos no ocasionan problemas de salud ni obesidad. Recuerda que la toxicidad de muchos alimentos occidentales se debe al procesamiento y no al alimento en sí. Los carbohidratos de las dietas occidentales consisten en gran medida en cereales refinados y, por lo tanto, son muy obesogénicos. Muchas hortalizas no sometidas a procesamiento ni refinado, como los tubérculos, son alimentos saludables que contienen carbohidratos con un efecto relativamente menor sobre la insulina. Algunas alternativas excelentes a los cereales refinados son las semillas y las legumbres.

LA QUINOA

Técnicamente una semilla, pero a menudo utilizada como cereal, se ha dicho de la quinoa que es «la madre de todos los cereales». Originalmente fue cultivada por los incas en América del Sur, pero actualmente se encuentra en todas partes, en tres variedades: la roja, la blanca y la negra. La quinoa es muy rica en fibra, proteínas y vitaminas. Además, tiene un índice glucémico bajo y contiene muchos antioxidantes, como la quercetina y el kaempferol, que se cree que son antiinflamatorios.

SEMILLAS DE CHÍA

Estas antiguas semillas son originarias de América del Sur y Central y las emplearon los aztecas y los mayas. Su nombre deriva de la antigua palabra maya que significa 'fuerza'. Las semillas de chía, independientemente de su color, son ricas en fibra, vitaminas, minerales, omega 3, proteínas y antioxidantes.

LEGUMBRES

Las alubias, los guisantes y otras legumbres secas son alimentos versátiles de primera necesidad ricos en carbohidratos y en fibra presentes en muchas dietas tradicionales. Constituyen fuentes de proteína extremadamente beneficiosas. Existen una amplia gama de colores, sabores y texturas, desde las lentejas verdes hasta las judías de careta y desde las alubias rojas hasta los garbanzos de color marrón oscuro. Las legumbres envasadas también son excelentes, pero asegúrate de enjuagarlas bien antes de cocinarlas.

Tercer paso: Modera el consumo de proteínas

En contraste con lo que ocurre con los cereales refinados, no puedes ni debes prescindir de las fuentes alimentarias de proteínas como la carne roja y las aves de corral, el marisco, los huevos, los productos lácteos, los frutos secos, las semillas y las legumbres. Pero no es aconsejable llevar una dieta muy rica en proteínas, que a menudo está demasiado basada en las claras de huevo, las carnes muy magras o las proteínas procesadas, como los batidos y los suplementos. En lugar de ello, modera la cantidad de proteína presente en tu dieta —haz que constituya entre el 20 y el 30 % de tu ingesta calórica total— y opta por diversas fuentes nutricionales. Las dietas demasiado ricas en proteínas pueden reducir la insulina, pero a menudo son caras y permiten relativamente pocas opciones alimentarias.

Cuarto paso: Aumenta el consumo de grasas naturales

De los tres macronutrientes principales (los carbohidratos, las proteínas y las grasas), las grasas alimentarias son las que menos tienden a estimular la insulina. Por lo tanto, la grasa que consumimos no engorda de por sí. De hecho, es potencialmente protectora y aporta sabor a cualquier comida. La clave es procurar ingerir una mayor proporción de grasas naturales no procesadas, como aceite de oliva, mantequilla, aceite de coco, sebo de vacuno y manteca de cerdo. Evita los aceites vegetales altamente procesados, incluidos los aceites de frutos secos y de semillas, ricos en los ácidos grasos omega 6, que son inflamatorios y pueden tener efectos perjudiciales para la salud. Ten a mano estas sabrosas fuentes de grasa:

ACEITE DE OLIVA

La dieta mediterránea, ampliamente reconocida por ser saludable, es rica en ácido oleico, una de las grasas monoinsaturadas contenidas en el aceite de oliva. Existen distintos métodos para extraer el aceite de oliva, y estas diferencias se reflejan en su graduación. Para obtener el aceite, la aceituna madura se tritura hasta obtener una pasta y luego se prensa en frío. El aceite de oliva virgen extra se extrae utilizando estos medios mecánicos solamente y es sin duda la mejor opción. Otras graduaciones dependen de métodos químicos o un calor elevado para extraer el aceite y neutralizar los malos sabores, y deberían evitarse. Ten en cuenta que la denominación *aceite puro de oliva* suele hacer referencia a estos aceites refinados. El aceite de oliva contiene grandes cantidades de antioxidantes, como los polifenoles y el oleocantal, que tiene propiedades antiinflamatorias. Se supone que este aceite reduce la inflamación, el colesterol, la formación de coágulos y la presión arterial. En conjunto, estas propiedades potenciales pueden disminuir el riesgo general de contraer una enfermedad cardiovascular, incluidos ataques cardíacos y accidentes cerebrovasculares.

FRUTOS SECOS

Muy presentes en la dieta mediterránea pero rechazados durante mucho tiempo por su alto contenido en grasa, actualmente se reconoce que los frutos secos ofrecen unos beneficios importantes para la salud. Además de proporcionar grasas saludables, son ricos en fibra y bajos en carbohidratos. Se pueden disfrutar crudos o tostados, pero evita los que tienen azúcares añadidos, como los tostados con miel. Las nueces, en particular, son ricas en ácidos grasos omega 3, que pueden ser beneficiosos para la salud del corazón. Las leches de frutos secos sin azúcares añadidos también son deliciosas.

PRODUCTOS LÁCTEOS ENTEROS

La leche, la nata, el yogur y el queso están muy ricos y se pueden disfrutar sin el temor a que puedan provocar aumento de peso. Una revisión de veintinueve ensayos controlados aleatorizados no mostró que su consumo tuviese el efecto de aumentar ni reducir la grasa corporal. Los lácteos enteros (aquellos a los que no se les ha quitado nada de grasa) están asociados con un riesgo un 62 % inferior de padecer diabetes tipo 2. Elige los productos lácteos enteros y, si lo prefieres, opta también por los crudos u orgánicos. Todas las leches, incluidas las de oveja y cabra, son saludables.

AGUACATE

Esta fruta ha sido reconocida recientemente como un complemento muy saludable y delicioso a cualquier dieta. Rico en vitaminas y sobre todo en potasio, el aguacate es único entre las frutas por tener un contenido muy bajo en carbohidratos y alto en ácido oleico, que es una grasa monoinsaturada. Además, tiene un contenido muy alto en fibra soluble e insoluble.

Quinto paso: Incrementa el consumo de fibra y vinagre

La fibra puede reducir los efectos estimulantes de la insulina que tienen los carbohidratos, lo cual la convierte en uno de los principales factores protectores contra la obesidad. Sin embargo, la dieta promedio de América del Norte está muy por debajo de la ingesta diaria de fibra recomendada, porque la fibra a menudo se elimina durante el procesamiento. Los alimentos integrales o naturales como las frutas, las bayas, las verduras, los cereales integrales, las semillas de lino, la chía, las legumbres, los frutos secos, la avena y las semillas de calabaza proporcionan abundante fibra.

EL VINAGRE

Utilizado en muchos alimentos tradicionales, el vinagre, en cualquiera de sus muchas formas, puede ayudar a reducir los picos de insulina cuando se come con alimentos ricos en carbohidratos. Por ejemplo, el vinagre añadido al arroz del *sushi* reduce su índice glucémico entre un 20 y un 40 %. Del mismo modo, el pescado con patatas fritas (el *fish and chips* extendido en varios países) se suele comer con vinagre de malta, y el pan a menudo se sumerge en aceite y vinagre. Prueba a mezclar vinagre de sidra de manzana con agua para obtener una bebida muy refrescante. Ten cuidado de evitar los vinagres que contienen azúcares añadidos.

Qué comer para favorecer la pérdida de peso

Esto es lo que debes comer si deseas adelgazar:

- Menos azúcares añadidos.
- Menos cereales refinados.
- Cantidad moderada de proteína.
- Grasas más naturales.
- Más fibra y vinagre.

CUÁNDO COMER

La dieta (qué comer) aborda la primera mitad del problema, pero recuerda que la pérdida de peso a largo plazo es un proceso que incluye dos cuestiones. Hay dos factores principales que mantienen nuestra insulina en un nivel alto. El primero es la comida que elegimos tomar: lo que comemos y cuál es el grado de ingesta a partir del cual vamos a engordar. Cuando comemos, el nivel de insulina aumenta y nuestro cuerpo recibe la orden hormonal de que almacene grasa. Pero el efecto total de la insulina en el organismo no se determina exclusivamente por lo alto que llegue a estar el nivel de insulina; también depende, de forma fundamental, de la cantidad de tiempo que se mantengan los niveles de insulina. Por eso es tan importante permitir que haya unos períodos en que el nivel de insulina pueda descender. El ayuno (cuándo comer) aborda la segunda mitad del problema. Corrige algunos de los problemas hormonales que causan la obesidad y, por lo tanto, ayuda a mantener la pérdida de peso a largo plazo. Combinar la dieta adecuada con el ayuno intermitente es un método de mantenimiento del peso avalado por el tiempo.

¿Qué significa esto? Supón que gastas mil dólares en un día, en un fantástico día de compras. Si esto sucede una sola vez al año, es aceptable; sin embargo, si ocurre todos los días, no tardarás en ser muy pobre. El efecto total no depende solamente del nivel, sino también de la duración y la frecuencia de la actividad. Con la insulina ocurre lo mismo. El efecto total de la insulina no depende solamente de lo alto que llegue a estar el nivel de esta hormona (lo cual depende de los alimentos que elijamos comer), sino también de la cantidad de tiempo que persista ese nivel alto. Esto depende de la frecuencia con la que comemos, lo cual es distinto de cuáles son los alimentos que elegimos comer. Si estás tratando de perder peso, es preferible que experimentes un pico de insulina una o dos veces al día a que experimentes múltiples picos cada día.

¿Cómo podemos inducir a nuestro cuerpo a tener, temporalmente, unos niveles de insulina muy bajos? Puesto que todos los alimentos hacen subir el nivel de insulina, la única forma de hacerlo bajar es abstenerse totalmente de comer. La respuesta que estamos buscando es, en una palabra, el ayuno. Cabe entender por *ayuno* cualquier período en el que no estamos comiendo. Este período puede ser de varias horas (entre comidas) o incluso de varias semanas. Para perder peso y revertir la diabetes tipo 2, suelo recomendar los ayunos intermitentes de dieciséis a treinta y seis horas de duración.

El ayuno es uno de los remedios más antiguos de la historia, pero no debe confundirse con pasar hambre, que es algo muy poco saludable. Pasar hambre es la abstinencia *involuntaria* de la ingesta de alimentos; no es algo deliberado ni controlado. Si llevas un tiempo sin comer y no tienes ni idea de cuándo volverás a hacerlo, estás pasando hambre. Por el contrario, el ayuno es la abstinencia voluntaria de alimentos por razones espirituales, de salud u otras. Puedes ayunar todo el tiempo que quieras, pero siempre puedes decidir volver a comer, si lo deseas.

Las personas a menudo tienen la preocupación de que si no comen tendrán menos energía y no podrán concentrarse igual de bien, pero esto no es cierto. Piensa en la última vez que tomaste una comida muy abundante, por ejemplo, en Navidad. ¿Te sentiste con más energía y mentalmente alerta después? ¿O te sentiste somnoliento y un poco atontado? Lo más probable es esto último. El hecho de comer desvía mucha sangre al sistema digestivo para que pueda hacer frente a la gran afluencia de alimentos, lo cual deja menos sangre disponible para el funcionamiento cerebral. El ayuno hace lo contrario, lo que significa que va más sangre al cerebro. El cuerpo humano se ha adaptado para funcionar y prosperar en medio de la ausencia temporal de alimentos.

La glucosa y la grasa son nuestras principales fuentes de energía. Cuando no hay glucosa disponible, el cuerpo se adapta y pasa a utilizar la grasa. La grasa no es más que nuestra energía alimentaria almacenada; para eso fue diseñada. En tiempos de escasez de alimentos, los comestibles almacenados (la grasa) se liberan de forma natural para alimentar el cuerpo. Esto es completamente normal. La transición del estado de alimentación al estado de ayuno tiene lugar en varias etapas:

1. **Alimentación:** Durante las comidas, el nivel de insulina aumenta, lo cual permite que la glucosa sea absorbida por tejidos como los músculos o el cerebro para ser utilizada directamente como energía. El exceso de glucosa se almacena como glucógeno en el hígado.

2. **La fase posterior a la absorción (entre seis y veinticuatro horas después del comienzo del ayuno):** El nivel de insulina disminuye. La descomposición del glucógeno del hígado libera glucosa para obtener energía. Las reservas de glucógeno duran unas veinticuatro horas.

3. **Gluconeogénesis (entre veinticuatro horas y dos días después de haber empezado el ayuno):** El hígado fabrica nueva glucosa a partir de los aminoácidos y el glicerol. En los no diabéticos, el nivel de glucosa desciende pero permanece dentro del rango normal.

4. **Cetosis (entre uno y tres días después del inicio del ayuno):** La forma de almacenamiento de la grasa, los triglicéridos, se descompone en el «eje» de glicerol y tres cadenas de ácidos grasos. El glicerol se usa para la gluconeogénesis. Muchos tejidos del cuerpo usan directamente los ácidos grasos para obtener energía, pero el cerebro no puede hacerlo. Los cuerpos cetónicos, capaces de atravesar la barrera hematoencefálica, se obtienen a partir de los ácidos grasos para que el cerebro pueda utilizarlos. Las cetonas pueden suministrar hasta el 75 % de la energía utilizada por el cerebro.

5. **Fase de conservación de las proteínas (después de cinco días de haber comenzado el ayuno):** Altos niveles de la hormona del crecimiento mantienen la masa muscular y los tejidos magros. La energía requerida para mantener el metabolismo basal la producen casi en su totalidad los ácidos grasos y las cetonas libres disponibles. Los niveles elevados de adrenalina evitan que se reduzca la tasa metabólica.

Con los períodos de ayuno de dieciséis a treinta y seis horas, los niveles de glucosa en sangre permanecen normales mientras el cuerpo empieza a quemar grasa para obtener energía. Más recientemente, se ha estudiado el ayuno en días alternos como una técnica aceptable para perder peso. Sigue a continuación un enfoque para reducir eficazmente la insulina y perder peso controlando la frecuencia de la ingesta.

Primer paso: Come solo cuando tengas hambre

Muchas personas comen a la hora de las comidas incluso si no tienen hambre. Por ejemplo, el consejo habitual es que comamos algo, cualquier cosa, tan pronto como salimos de la cama. Pero el desayuno debe pasar de considerarse la «comida más importante del día» a simplemente una «comida». Recuerda que siempre tomarás el desayuno, porque este es, por definición, la comida que deshace (acaba con) el ayuno. Por lo tanto, si no comes hasta las dos de la tarde, ese es tu «des-ayuno». ¿Hay algo mágico en el hecho de comer una gran cantidad de alimentos temprano al empezar el día, incluso si no tienes mucha hambre o no tienes tendencia a comer a esas horas? No. ¿Existe una regla que diga que tienes que comer tres veces al día, todos los días, incluso si no tienes apetito? No. El hecho de comer, casi por definición, no hace perder peso.

PRESCINDE DE LOS REFRIGERIOS

El refrigerio «saludable» como forma de perder peso es una gran falacia. En fechas tan recientes como la pasada década de los setenta, la mayoría de la gente aún tomaba tres comidas al día solamente. En la primera década del siglo XXI, el mantra «picotear es saludable» había calado hondo y el estadounidense promedio comía cinco o seis veces al día. ¡Aún más increíble es que de alguna manera nos engañaron para que creyésemos que eso era bueno para nosotros! Las autoridades nutricionales nos instaron a comer a menudo para bajar de peso. Suena bastante estúpido porque es una estupidez. La estimulación constante de la insulina acaba por conducir a la resistencia a la insulina.

¿Son necesarios los refrigerios? No. Cuando te apetezca uno, hazte esta pregunta: ¿realmente tienes hambre o solo ocurre que estás aburrido? Oculta los refrigerios; mantenlos totalmente alejados de tu vista. Si tienes costumbre de tomarlos, reemplaza ese hábito por otro que sea menos destructivo para tu salud. Quizá tu nuevo hábito debería ser tomar una taza de té verde por la tarde. La pregunta de qué comer a la hora de los refrigerios tiene una respuesta simple: nada. No comas tentempiés. Punto. Simplifica tu vida.

Segundo paso: Ayuna de manera intermitente

Un aspecto crucial del ayuno que lo diferencia de otras dietas es su naturaleza intermitente. Las dietas fracasan porque se siguen de forma constante. La característica definitoria de la vida en la Tierra es la homeostasis; según esta, cualquier estímulo constante acabará por encontrarse con una adaptación que resistirá ese cambio. Y la exposición persistente a la disminución de las calorías da como resultado la adaptación (la resistencia): el cuerpo finalmente responde reduciendo el gasto total de energía, lo que lleva a que deje de perderse peso y, finalmente, a recuperarlo.

En cambio, el ayuno intermitente agita constantemente la producción de hormonas. Nuestras dietas deben ser *intermitentes*, no estables. La comida es una celebración de la vida. Todas las culturas del mundo celebran los acontecimientos con grandes banquetes. Esto es normal y no tiene nada de malo. ¿Deberías comer mucho en tu cumpleaños? Sin duda. ¿Deberías comer mucho en una boda? ¡Claro que sí! Pero que después del banquete venga el ayuno. Este es el ciclo natural de la vida. No podemos darnos comilonas todo el tiempo. No podemos ayunar todo el tiempo. Esto no funciona.

Si no has intentado ayunar antes, tal vez te sientas intimidado. Sin embargo, como ocurre con la mayoría de las cosas, el ayuno se vuelve más fácil con la práctica. Los musulmanes devotos ayunan durante un mes al año y se supone que también lo hacen dos días a la semana. Se estima que hay mil seiscientos millones de musulmanes en el mundo; catorce millones de mormones, que en teoría ayunan una vez al mes, y trescientos cincuenta millones de budistas, muchos de los cuales ayunan regularmente. Se supone que casi un tercio de la población del mundo entero ayuna habitualmente, de acuerdo con su sistema de creencias. No hay duda de que es algo que se puede hacer.

El ayuno se puede combinar con cualquier dieta. Si no comes carne, lácteos o gluten, puedes ayunar igualmente. Comer carne ecológica de animales alimentados con pasto es saludable, pero también puede ser costoso. El ayuno te permite ahorrar dinero en comestibles. Tomar comidas caseras preparadas desde cero es saludable, pero también puede requerir mucho tiempo. El ayuno te permite ahorrar un tiempo precioso. La vida se vuelve más simple cuando uno no necesita preocuparse por comprar tantos alimentos ni por planificar y preparar tantas comidas.

Cuándo comer para estimular la pérdida de peso:

Si deseas adelgazar, estas son las acciones que debes emprender:

- Come cuando tengas hambre, exclusivamente.
- Ayuna de forma intermitente.

Te he hablado acerca de qué comer: menos cereales refinados y azúcares, cantidades moderadas de proteína, y grasas más saludables. Potencia al máximo el consumo de factores protectores como la fibra y el vinagre. Elige solo alimentos naturales, no procesados.

Y ahora sabes cuándo comer: come solamente cuando tengas hambre para equilibrar los períodos en que la insulina es predominante con aquellos en que la insulina es deficiente, y ayuna de manera intermitente para equilibrar tus períodos de alimentación y ayuno. La ingesta continua es una receta para subir de peso. El ayuno intermitente es una forma muy efectiva de abordar la cuestión de cuándo comer. Esencialmente, la cuestión es esta: si no comes, ¿perderás peso? Sí, por supuesto. En este libro de cocina proporciono más de cien recetas que constituyen opciones maravillosas para cuando comas y deliciosas bebidas para cuando ayunes.

DATOS PRÁCTICOS SOBRE EL AYUNO Y PREGUNTAS FRECUENTES

El ayuno siempre ha tenido éxito como tradición curativa. Por ejemplo, entre los tratamientos prescritos y defendidos por Hipócrates de Cos (460-370 a. C. aprox.), ampliamente reconocido como el padre de la medicina moderna, se encuentran la práctica del ayuno y el consumo de vinagre de sidra de manzana. Escribió: «Comer cuando se está enfermo es alimentar la enfermedad». Piensa en la última vez que tuviste gripe; probablemente, lo último que te apetecía hacer era comer.

Aunque el ayuno parece ser una respuesta humana instintiva y universal a muchos tipos de enfermedad, muchas personas lo ven con escepticismo. Y es que hay infinidad de mitos sobre el ayuno que se han repetido con tanta frecuencia que han sido aceptados como verdades.

Echa un vistazo a las siguientes creencias populares:

- El ayuno te hará perder músculo/quemar proteínas.
- El cerebro necesita glucosa para funcionar.
- El ayuno te pone en modo de inanición/reduce el metabolismo basal.
- El ayuno te hará sentir un hambre atroz.
- El ayuno priva al cuerpo de nutrientes.
- El ayuno causa hipoglucemia.

Si estos mitos fueran ciertos, ninguno de nosotros estaría vivo actualmente. Piensa en las consecuencias de quemar músculo para obtener energía, por ejemplo. En los tiempos prehistóricos había muchos días, en los largos inviernos, en que no había comida disponible. Después de la primera ola de frío que hacía que escasearan los alimentos, si los cuerpos humanos hubieran quemado músculo para obtener energía, se habrían debilitado gravemente. Cuando el fenómeno se hubiese repetido unas cuantas veces, la gente habría estado tan débil que no habría podido cazar ni recolectar comida. Pero ocurre que el cuerpo humano no quema músculo en ausencia de alimentos a menos que la grasa corporal descienda por debajo del 4 %. Se estima que la cantidad de grasa corporal que tiene el norteamericano promedio es del 25 al 30 %.

La verdad es que el ayuno es tan efectivo para tratar nuestras enfermedades modernas (la obesidad, la diabetes, toda la constelación de dolencias resultantes del síndrome metabólico) como lo era para tratar las de nuestros antepasados. Recuerda que ayunar es retener la ingesta alimentaria *voluntariamente* durante un tiempo determinado. Igual que convendría que hicieses con cualquier cambio importante en tu estilo de vida, consulta con tu médico antes de empezar, sobre todo si estás embarazada o tienes diabetes. A continuación voy a proporcionar más información sobre qué es el ayuno y lo que cabe esperar de él.

Los fundamentos del ayuno

En los ayunos que recomiendo, está permitida la ingesta de bebidas no calóricas como el café solo, el caldo claro, el agua y el té para que ayuden a contener el apetito y prevenir la deshidratación. Los ayunos no tienen una duración estándar y tampoco está determinada la cantidad de tiempo que debe haber entre uno y otro; los ayunos pueden durar desde doce horas hasta tres meses o más tiempo, y los intervalos que los separan pueden ser semanales, mensuales o anuales. El ayuno intermitente implica ayunar durante períodos más cortos con mayor frecuencia. Los tres períodos de ayuno que suelo recomendar son dieciséis horas, veinticuatro horas y treinta y seis horas:

- Un ayuno diario de dieciséis horas significa que las comidas se toman dentro de un plazo de ocho horas. Si se empieza con el ayuno a las siete de la tarde, por ejemplo, no se come nada hasta las once de la mañana del día siguiente. A partir de ese momento, la persona toma dos o tres comidas y reanuda su ayuno a las siete de la tarde, ese mismo día.
- En el caso del ayuno de veinticuatro horas, se ayuna desde la cena de las siete de la tarde, por ejemplo, hasta la cena de las siete del día siguiente.
- En el caso del ayuno de treinta y seis horas, se ayuna, por ejemplo, desde la cena de las siete de la tarde el primer día hasta el desayuno de las siete de la mañana dos días después.

Los períodos de ayuno más largos dan lugar a unos niveles más bajos de insulina, una mayor pérdida de peso y una mayor reducción del azúcar en sangre en los diabéticos. En la clínica, generalmente recomiendo un ayuno de veinticuatro o treinta y seis horas, dos o tres veces por semana.

¿Estás dispuesto a probarlo pero aún tienes preguntas? Aquí te ofrezco las respuestas a algunas de las más habituales.

Preguntas frecuentes sobre el ayuno

¿QUÉ PUEDO CONSUMIR EN LOS DÍAS DE AYUNO?

Durante el ayuno no conviene tomar ningún alimento ni bebida que contenga calorías. Sin embargo, debes mantenerte bien hidratado durante todo el período de ayuno. El agua, natural o con gas, siempre es una buena opción. Trata de beber dos litros de agua al día. Puedes añadirle un poco de zumo de limón o lima para darle sabor. Prueba el vinagre de sidra de manzana diluido (dilúyelo según el sabor que quieras obtener), ya que puede ayudarte con los niveles de azúcar en sangre. El caldo de huesos de elaboración casera (páginas 192 a 198), hecho con huesos de ternera, cerdo o pollo, o de pescado, y una buena pizca de sal, también es una buena opción para los días de ayuno. El caldo de verduras es una alternativa adecuada, aunque el de huesos contiene más nutrientes. Evita los caldos enlatados y los cubitos de caldo, que están llenos de sabores artificiales y glutamato monosódico. Cualquier tipo de azúcar, sabor artificial o edulcorante está prohibido durante el ayuno.

TOMO MEDICAMENTOS CON LA COMIDA. ¿QUÉ PUEDO HACER MIENTRAS AYUNO?

Ciertos medicamentos pueden causar problemas con el estómago vacío. Por ejemplo, la aspirina puede ocasionar malestar estomacal o incluso úlceras. Los suplementos de hierro pueden causar náuseas y vómitos. La metformina, que se usa para tratar la diabetes y el síndrome del ovario poliquístico, puede provocar náuseas o diarrea. Habla siempre de tus medicamentos con tu médico antes de emprender un ayuno.

SOY DIABÉTICO. ¿PUEDO AYUNAR?

Debes tener especial cuidado si tienes diabetes o si estás tomando medicamentos para combatirla, porque el ayuno reduce el azúcar en sangre. Si estás tomando fármacos para la diabetes, especialmente insulina, tu nivel de glucosa puede llegar a ser extremadamente bajo, lo que te expone a una situación potencialmente mortal. *Es totalmente imprescindible una supervisión rigurosa por parte de tu médico. Si no puedes contar con ella, no ayunes.*

En el programa Gestión Dietética Intensiva suelo reducir la medicación para la diabetes antes de que los pacientes emprendan el ayuno, en previsión del descenso de su nivel de glucosa. Sin embargo, dado que la respuesta del azúcar en sangre es impredecible, comprueba los niveles al menos dos veces al día mientras ayunas y registra la información. Si el resultado del nivel bajo de glucosa se repite, es posible que estés sobremedicado. No obstante, si tu azúcar en sangre pasa a ser extremadamente bajo, debes tomar un poco de azúcar o zumo para que tus niveles vuelvan a la normalidad, aunque esto signifique que debas detener el ayuno ese día. También debes controlar tu presión arterial de forma regular, preferiblemente una vez por semana. Asegúrate de examinar con tu médico los análisis de sangre rutinarios, incluidos los niveles de electrolitos. Si te sientes mal por cualquier motivo, detén el ayuno de inmediato y busca atención médica.

¿QUÉ PUEDO HACER SI TENGO HAMBRE MIENTRAS AYUNO?

Esta es probablemente la principal preocupación de quienes desean ayunar. La gente cree que se sentirá abrumada por el hambre y no podrá controlarse. La verdad es que el hambre no persiste; acude en oleadas. Si tienes hambre, pasará. Permanecer ocupado durante el día del ayuno puede ayudarte a resistir el deseo de comer. Cuando tu cuerpo se acostumbre al ayuno, empezará a quemar sus reservas de grasa y tu hambre disminuirá. Durante los ayunos más largos, muchas personas notan que su hambre ha desaparecido por completo al segundo o tercer día.

¿PUEDO HACER EJERCICIO MIENTRAS AYUNO?

Sin duda; no hay ninguna razón para que detengas tu rutina de ejercicios. Se recomiendan todos los tipos de ejercicio, incluidos los de resistencia (las pesas) y los cardiovasculares. Está extendida la percepción errónea de que hace falta comer para suministrar «energía» al cuerpo que está practicando ejercicio. Esto no es cierto. El hígado suministra energía a través de la gluconeogénesis. Durante los períodos de ayuno más largos, los músculos utilizan directamente los ácidos grasos para obtener energía. De hecho, como tus niveles de adrenalina estarán más altos durante el ayuno, la ocasión es *ideal* para hacer ejercicio. La mayor presencia de la hormona del crecimiento inducida por el ayuno también puede promover el desarrollo muscular.

¿ME PROVOCARÁ CANSANCIO EL AYUNO?

Probablemente no. Según mi experiencia en la Clínica de Gestión Dietética Intensiva, ocurre lo contrario. Muchas personas descubren que tienen más energía durante el ayuno, probablemente debido al aumento de los niveles de adrenalina. El metabolismo basal no desciende durante el ayuno; aumenta. Descubrirás que puedes realizar todas las actividades normales de la vida diaria mientras ayunas. Durante los ayunos, no es normal experimentar una fatiga persistente o excesiva; si te ocurre esto, debes dejar de ayunar inmediatamente y consultar con un médico.

¿HARÁ EL AYUNO QUE MI CEREBRO ESTÉ CONFUSO O QUE OLVIDE COSAS?

No deberías experimentar ningún perjuicio en tu memoria o concentración durante el ayuno. Los antiguos griegos creían que el ayuno mejoraba significativamente las habilidades cognitivas y que ayudaba a los grandes pensadores a alcanzar más claridad y agudeza mental. A largo plazo, el ayuno puede mejorar la memoria. Una teoría es que activa un tipo de limpieza celular llamada *autofagia* que puede ayudar a prevenir la pérdida de memoria asociada con la edad.

¿QUÉ PUEDO HACER SI ME MAREO?

Si tienes mareos, lo más probable es que te estés deshidratando. Asegúrate de beber muchos líquidos y añade más sal a tu caldo o agua mineral para ayudar a retener los líquidos más tiempo. Otra posibilidad es que tu presión arterial esté demasiado baja, especialmente si estás tomando medicamentos para la hipertensión. Habla con tu médico sobre si es conveniente adaptar tu medicación. Los mareos persistentes, las náuseas o los vómitos no son normales con el ayuno intermitente o continuo. Si experimentas alguno de estos síntomas de forma persistente, debes dejar de ayunar de inmediato y consultar con un médico.

¿QUÉ PUEDO HACER SI TENGO CALAMBRES MUSCULARES?

Los niveles bajos de magnesio, que son especialmente habituales en las personas diabéticas, pueden causar calambres musculares. Para abordar este problema, puedes tomar un suplemento de magnesio de venta libre o bañarte en sales de Epsom, que son de magnesio. Añade un vaso de estas sales (250 ml) a una bañera con agua tibia y permanece en el agua durante media hora. Tu piel absorberá el magnesio.

¿QUÉ PUEDO HACER SI ME DUELE LA CABEZA?

Prueba a aumentar tu consumo de sal añadiendo una pizca adicional de sal, o dos, al caldo de huesos o al agua mineral. Los dolores de cabeza son bastante habituales las primeras veces que se hace un ayuno. Se cree que son causados por la transición de una dieta relativamente alta en sal a una ingesta muy baja de sal en los días de ayuno. Por lo general, son temporales y suelen desaparecer por sí mismos cuando uno se acostumbra a ayunar. Si te preocupan tus dolores de cabeza, habla con un médico.

¿QUÉ PUEDO HACER SI TENGO ESTREÑIMIENTO?

No es raro experimentar estreñimiento al principio de un ayuno. Incrementar tu consumo de fibra, frutas y verduras durante el período de no ayuno puede ayudarte. También puedes tomar Metamucil para aumentar la ingesta de fibra y el volumen de las heces. Si el problema persiste, pídele a tu médico que considere la posibilidad de recetarte un laxante.

¿CÓMO DEBO PONER FIN AL AYUNO?

Procura dejar el ayuno suavemente, comenzando con un puñado de frutos secos o una pequeña ensalada. Comer en exceso justo después de un ayuno puede provocar molestias estomacales o acidez de estómago. No son dolencias graves, pero pueden ser bastante incómodas. Evita acostarte inmediatamente después de las comidas; trata de permanecer levantado durante un mínimo de media hora. Si experimentas ardor de estómago por la noche, puede resultarte útil colocar bloques de madera debajo de la cabecera de la cama para levantarla. Si ninguna de estas soluciones te funciona, consulta a tu médico.

NO ESTOY PERDIENDO PESO. ¿QUÉ PASA?

Si una de las razones por las que ayunas es que quieres perder peso, persiste y sé paciente. La cantidad de peso que se pierde es muy distinta según la persona. Cuanto más tiempo lleves luchando contra la obesidad, más difícil te será adelgazar. Y ciertos medicamentos pueden dificultar el adelgazamiento. También, probablemente, llegará el momento en que dejarás de perder peso. Cambiar el régimen de ayuno o alimentario, o ambos, puede ser útil en estos casos. Algunos pacientes optan por hacer ayunos más largos: pasan del ayuno de veinticuatro horas al ayuno de treinta y seis o incluso cuarenta y ocho horas. Algunas personas prueban a comer solo una vez al día, todos los días. Otras prueban a realizar un ayuno continuo durante toda una semana. Cambiar el protocolo del ayuno es lo que se suele requerir para seguir perdiendo peso cuando llega el estancamiento, pero consulta con tu médico para determinar qué es lo que podría ser adecuado en tu caso.

Consejos para el éxito

En la Clínica de Gestión Dietética Intensiva ayudamos a cientos de personas de todas las edades y con distintos problemas de salud a ayunar con éxito cada año. Aquí tienes algunos consejos que pueden ayudarte:

1. **Bebe agua.** Empieza las mañanas tomando un vaso de agua.
2. **Mantente ocupado.** Te distraerá de la comida. Cuando planifiques tu ayuno, te será útil elegir un día en que vayas a estar muy ocupado en el trabajo.
3. **Bebe café.** El café mitiga el apetito de forma suave. Prueba también con el té verde, el té negro y el caldo de huesos.
4. **«Monta las olas».** El hambre acude en oleadas; no es continua. Sé paciente y distráete.
5. **No le digas a todo el mundo que estás ayunando.** Hay quienes pueden intentar desanimarte si no saben cuáles son los beneficios del ayuno.
6. **Concédete treinta días.** El cuerpo tarda en acostumbrarse al ayuno. No te desanimes si experimentas un revés; las cosas se pondrán más fáciles.
7. **Sigue una dieta nutritiva los días que no ayunes.** El ayuno intermitente no es una excusa para comer lo que quieras los días en que no ayunes. Lleva una dieta nutritiva baja en azúcares y carbohidratos refinados.
8. **No te des atracones.** Después del ayuno, haz como si no hubieses ayunado. Come normalmente.

El último y más importante consejo es que adaptes el ayuno a tu vida. Planifica tus ayunos para que sean compatibles con tu estilo de vida y no limites tus interacciones sociales por que estés ayunando. Habrá momentos en los que te será imposible ayunar: las vacaciones, las festividades y las bodas, por ejemplo. No intentes encajar el ayuno de forma forzada en estas celebraciones. Estas ocasiones son para relajarse y disfrutar. Después, retoma tu dinámica de ayunos. Aunque cambiar tu dieta te pueda parecer desalentador, debes saber que al tomar esta decisión estás dando el primer paso hacia la mejoría de tu salud.

RECETAS

Para tener en la despensa

Las recetas de este libro ponen el acento en las grasas naturales saludables y evitan los almidones y azúcares. Encontrarás buenos sabores en platos preparados con técnicas fáciles, y una filosofía general permisiva y flexible, no dogmática. Cuando te hayas familiarizado con los aspectos básicos de las recetas, no dudes en sustituir los ingredientes, ajustar las cantidades y alargar o acortar los tiempos de cocción según tus preferencias.

Tus experimentos serán mucho más fáciles si cuentas con una buena selección de alimentos básicos en tu despensa. Es especialmente importante que leas las etiquetas de las salsas, condimentos, aderezos, sopas e incluso mezclas de especias antes de comprar o consumir estos productos. A menudo se añade azúcar, en sus muchas formas, a los alimentos preparados por ser un saborizante económico, y se agregan varios almidones altamente refinados como espesantes.

Aquí te muestro algunos artículos básicos que deberían estar presentes en tu despensa, para que los tengas a mano:

Bebidas

En este libro proporciono muchas ideas sobre las bebidas permitidas durante los ayunos, incluido el caldo de huesos. Estas son algunas opciones para que nunca te aburras con tus bebidas:

- Café: con cafeína y descafeinado.

- Té: negro, blanco, verde, azul (*oolong*), de hierbas, cristales de té Pique (piquetea.com).
- Agua: ¡obviamente! Natural o con gas, filtrada o del grifo. Prueba a aromatizarla con cristales de té.
- Vino tinto seco: con moderación durante los períodos de no ayuno. Asegúrate de que su contenido de azúcar sea bajo.

Condimentos

Los condimentos comerciales a menudo están cargados de azúcares añadidos. Estate atento a cualquier ingrediente que termine en -*osa*, ya que probablemente será un azúcar encubierto. Acostúmbrate a leer las etiquetas. Estos son los condimentos realmente útiles:

- Pasta de curri.
- Mostaza de Dijon y en grano.
- Miso (pasta de soja).
- *Sambal oelek* (pasta de chile [pimiento picante]).
- *Tahini* (pasta de sésamo).
- *Tamari* (salsa de soja sin gluten).

Productos lácteos

En cuanto a este tipo de productos, elige las opciones que conserven toda la grasa y todo el sabor. Utiliza mantequilla, queso y nata para espesar y enriquecer salsas o terminar platos. Si la leche de vaca no es adecuada para ti, prueba con la de cabra u oveja. Evita las margarinas. Ten estos productos en tu nevera:

- Mantequilla (salada o sin sal, como prefieras), leche entera, nata con un 18 % y un 35 % de contenido en materia grasa.
- Queso curado, semicurado y blando, y requesón. No te equivocarás si siempre tienes a mano parmesano o *pecorino* (queso de oveja curado).
- Yogur: evita las variedades endulzadas con fruta añadida.

Aceites

Evita los aceites demasiado refinados o procesados. Esto incluye muchos aceites vegetales, como los de maíz, cártamo, algodón y canola. En su lugar, elige aceites prensados en frío lo más cercanos posible a la fuente alimentaria original.

- Aceite de coco.
- Aceite de oliva virgen extra.
- *Ghee* (mantequilla clarificada).
- Aceite de semilla de uva.
- Aceite de sésamo tostado.
- Aceite de nuez.

Proteínas

Modera tu ingesta de proteínas. No necesitas grandes cantidades para sentirte satisfecho y con energía, pero trata de comer algo de proteína en cada comida.

- Legumbres: secas y enlatadas, son una buena manera de añadir fibra a tu dieta.
- Huevos: una gran elección; no los reserves para el desayuno.
- Pescado, aves, carnes rojas y blancas: elige las opciones más ricas en grasa y ten siempre a mano tocino (beicon), jamón curado o panceta; se pueden congelar sin problema.
- Frutos secos y semillas: nueces, almendras, semillas de sésamo, semillas de lino, semillas de girasol, chía.
- Quinoa: recuerda que no es un cereal, sino una semilla.

Especias

Las especias y hierbas secas pierden su sabor más rápidamente de lo que la mayoría de la gente piensa. Es mejor tener menos especias en casa y usarlas en un plazo de tres meses, si es posible.

- Pimienta negra.

- Pimientos rojos picantes en escamas (hojuelas de chile) y chile en polvo (pimientos picantes en polvo combinados con otras especias).
- Chile chipotle (hecho a partir del picante chile jalapeño, que es secado y ahumado).
- Comino (molido y en semilla).
- Curri en polvo.
- Hierbas provenzales (albahaca seca, orégano, lavanda, romero, hinojo, tomillo, estragón).
- Cúrcuma molida.

Edulcorantes

Si eliges tener miel o sirope de arce en tu despensa, asegúrate de que no contenga nada de jarabe de maíz de alta fructosa. Opta por el sirope de arce puro y asegúrate de evitar los productos etiquetados como «sirope (o jarabe) para tortitas».

Frutas y hortalizas

¡Cómete las verduras! Es sencillo. Prueba a añadirles algunas grasas saludables para aportarles un poco de sabor extra; el aceite de oliva es una buena opción. Evita las patatas blancas si estás tratando de adelgazar. Opta por las verduras frescas o congeladas; las conservas no son la mejor opción, aunque deberías tener tomates enlatados a mano en todo momento: no solo son sabrosos, sino que también son muy versátiles.

- Tomates enlatados.
- Cítricos: el limón y la lima aportan un sabor acusado y acidez.
- Raíz de jengibre: se puede congelar, lo que facilita la ralladura.
- Las verduras de hoja verde oscuro, como la col rizada, las acelgas, la col y el brócoli.
- Aceitunas envasadas en aceite de oliva.
- Cebollas, cebolletas, escalonias, ajos: ten siempre a mano una selección de hortalizas de la familia de las liliáceas.

Vinagre

Los alimentos y líquidos fermentados contribuyen a una buena digestión. También aportan un componente ácido que atenúa la saciedad. Ten cuidado con los vinagres balsámicos, que a menudo tienen un alto contenido en azúcar, sobre todo si están saborizados. Otros vinagres con hierbas en maceración, como el de estragón, son maravillosos para aderezar ensaladas; también lo es el vinagre de sidra de manzana.

- Vinagre de sidra de manzana.
- Vinagre de vino tinto y vinagre de vino blanco.
- Vinagre de vino de arroz.
- Vinagre de Jerez.

Parfaits de chía 57

Frutas del bosque con frutos secos tostados y nata 58

Tortilla clásica 59

Tortitas de coco 60

Huevos fritos con espinacas picantes y quinoa 63

Sabrosas natillas de gruyer 64

Huevos revueltos con salmón ahumado y eneldo 65

Huevos escalfados con espinacas y jamón curado 66

Shakshuka 69

Huevos pasados por agua con espárragos asados 70

PARA PONER FIN AL AYUNO

PARFAITS DE CHÍA

Adaptable y delicioso, el pudin de chía es muy popular por una buena razón. Estas semillas aportan antioxidantes, proteínas y fibra. Casi todos los carbohidratos que hay en la chía son fibra, no almidones o azúcares, lo que hace que sea un recurso excelente con el que contar en una cocina baja en carbohidratos. Cuando la chía se combina con líquido, se vuelve gelatinosa; pasa a tener una consistencia similar a la del pudin que absorbe fácil-mente los sabores.

RECETA PARA 4 RACIONES

4 vasos (1 l) de leche de coco o almendra sin edulcorantes

Extracto puro de vainilla o canela molida al gusto

Sal *kosher*

1 vaso (250 ml) de chía

2 vasos (500 ml) de frutas del bosque frescas o congeladas

4 cucharadas (60 ml) de frutos secos y semillas picados

Cáscara de limón rallada, para decorar

1. Reunir y medir los ingredientes. Tener preparados cuatro tarros de vidrio de 350 ml con tapa.
2. En un vaso de medición de vidrio, mezclar la leche con la vainilla (o canela) y una pizca de sal. Añadir la chía y remover.
3. Dividir un tercio de las frutas del bosque entre los tarros, y añadirles un tercio de la mezcla de chía. Hacer lo mismo con dos capas más de cada. Cubrir con una cucharada de frutos secos y semillas y una pizca de ralladura de limón. Tapar y refrigerar durante la noche o hasta un máximo de tres días.
4. Servir frío o a temperatura ambiente.

FRUTAS DEL BOSQUE CON FRUTOS SECOS TOSTADOS Y NATA

Prepara esta receta con tus frutas del bosque favoritas, o con las que tengan pinta de estar más ricas en el mercado. Esto también es aplicable a los frutos secos. Este plato es un desayuno o postre delicioso y aporta una dosis saludable de fibra, grasa y proteínas. Un poco de sirope de arce aporta dulzor y lo convierte más en una exquisitez que en un plato cotidiano.

RECETA PARA 4 RACIONES

450 g de frutas del bosque variadas

450 g de frutos secos crudos variados

2 ramitas de romero fresco

2 cucharadas de mantequilla

½ cucharadita de pimienta de Cayena (opcional)

1 cucharadita de sirope de arce o sirope de arce granulado (opcional)

Sal en escamas o sal gruesa

1 vaso (250 ml) de nata con un 18 o un 35% de contenido en materia grasa o un yogur griego

1. Reunir, preparar y medir/pesar los ingredientes. Enjuagar y escurrir bien las frutas del bosque. Extenderlas sobre un paño limpio durante unos minutos para que se sequen del todo, y después ponerlas en un tazón ancho y poco profundo. Cortar los frutos secos en trozos grandes no uniformes. Separar las hojas de romero de los tallos y picarlas muy finamente. Precalentar el horno a 180 °C.

2. Derretir la mantequilla en una sartén guisera a fuego medio. Añadir la pimienta de Cayena y el sirope de arce (si has decidido usarlos). Agregar los frutos secos, mezclar para que queden bien impregnados y después tostar de dos a tres minutos. Trasladar los frutos secos a una bandeja de horno sin haberla untado, espolvorear sal y romero, y hornear de diez a quince minutos, o hasta que los frutos secos estén bien dorados en algunas partes y la cocina huela maravillosamente bien. Sacar los frutos secos del horno y dejar que se enfríen y queden crujientes antes de consumirlos.

3. Para servir, repartir las frutas del bosque en cuatro tazones. Verter encima un poco de nata o una cucharada de yogur y cubrir con un par de cucharadas de frutos secos tostados. Si eliges usar nata con un 35 % de contenido en materia grasa, puedes batirla, pero no le añadas azúcar.

TORTILLA CLÁSICA

Una tortilla es una forma clásica y satisfactoria de comer huevos que también proporciona una solución elegante para los comensales quisquillosos: basta con cambiar el relleno de acuerdo con las preferencias personales. Siempre me gusta incluir queso en mi relleno de tortilla, porque se derrite muy bien en el calor de la envoltura de huevo.

RECETA PARA 4 RACIONES

8 huevos

Aceite de oliva, para saltear el relleno

¹/₃ de vaso (80 ml) de relleno por persona (ver nota)

8 cucharaditas de mantequilla

Sal y pimienta

1. Reunir, preparar y medir los ingredientes. Batir los huevos con ¼ de vaso (60 ml) de agua y sal y pimienta. Saltear los ingredientes del relleno, si es necesario.

2. Derretir dos cucharaditas de mantequilla en una sartén antiadherente pequeña a fuego medio-alto. Verter lentamente una cuarta parte de los huevos batidos e inclinar la sartén hasta que cubran completamente la superficie. Usar una cuchara de madera para desplazar cualquier parte del huevo que esté cruda desde los bordes hacia el centro y cocinar hasta que la tortilla se haya asentado alrededor de los bordes, pero el centro todavía esté líquido.

3. Poner el relleno en el centro de la tortilla. Usar una espátula para doblar un tercio de la tortilla hacia el centro. Inclinar la sartén sobre un plato y deslizar suavemente la tortilla, doblando el otro borde hacia el centro al mismo tiempo.

4. Repetir el procedimiento para hacer tres tortillas rellenas más. Servir inmediatamente.

Nota: Algunos rellenos clásicos para las tortillas son queso, carne o mariscos cocinados y verduras salteadas, pero no tengas miedo de «asaltar» la nevera para utilizar las sobras. Aquí hay algunas ideas de relleno para empezar:

- *Brie* y jamón: Cortar el queso y el jamón en cubos pequeños.
- *Cheddar* y escalonias salteadas: Cortar el queso en cubos pequeños y saltear una escalonia grande o dos pequeñas durante cinco minutos en un chorrito de aceite de oliva.
- *Mozzarella* y rúcula: Cortar el queso en cubos pequeños y las hojas de rúcula sin mucho esmero.

TORTITAS DE COCO

Estas tortitas son una delicia maravillosa. La harina de coco es más rica en fibra que la de trigo, por lo que es una mejor opción para tu digestión y tus niveles de azúcar en sangre. Para que estas tortitas estén superdeliciosas, cubre cada una con una mezcla de frutas del bosque y una cucharada de nata espesa. También son geniales con beicon (bueno, todo combina muy bien con el beicon, ¿no?).

RECETA PARA 4 RACIONES

2 cucharadas de aceite de coco o mantequilla, y un poco más para guisar

6 huevos

1 vaso (250 ml) de leche de coco o de vaca

1 cucharadita de extracto puro de vainilla

½ vaso (125 ml) de harina de coco

1 cucharadita de bicarbonato de sodio

Sal

1. Reunir, preparar y medir los ingredientes. Derretir el aceite de coco (o la mantequilla) y dejar enfriar a temperatura ambiente. Batir los huevos con vigor, hasta obtener una mezcla totalmente homogénea.

2. En un bol, añadir el aceite de coco derretido (o la mantequilla derretida), la leche y la vainilla a los huevos batidos y remover. Incorporar la harina, haciéndola pasar por un colador, y el bicarbonato de sodio. Añadir una pizca de sal. Si la masa parece demasiado espesa, agregar un poco más de leche, no más de una cucharada cada vez.

3. Calentar una plancha o una sartén a fuego medio-alto hasta que una gotita de agua silbe y baile en la superficie. Calentar aproximadamente una cucharadita de aceite de coco o mantequilla en este utensilio. Con un cucharón, incorporar tres pequeñas tortitas; procurar que cada una no tenga más de 7,5 cm de diámetro, o se romperán al darles la vuelta.

4. Controlar las tortitas de cerca. Se dorarán y empezarán a oler, indicando que están listas, al cabo de dos o tres minutos. Darles la vuelta con cuidado y cocinarlas dos minutos más.

5. Servir de inmediato, preferiblemente con frutas del bosque y nata por encima.

HUEVOS FRITOS CON ESPINACAS PICANTES Y QUINOA

Si te gusta tomar desayunos tipo almuerzo, este lo tiene todo: es sustancioso y picante, y tiene unos sabores verdes intensos. La gran cantidad de proteínas que contienen los potentes huevos y la quinoa te proporciona el aguante que te permite salir y hacer lo que tienes que hacer. Sirve este plato con más *harissa* o tu salsa picante favorita al lado.

RECETA PARA 4 RACIONES

½ vaso (125 ml) de quinoa

2 cucharadas de mantequilla

2 cucharadas de aceite de oliva

4 huevos

225 g de espinacas

1 cucharadita de pasta *harissa* (salsa picante habitual en la gastronomía magrebí) o pimientos rojos picantes en escamas (hojuelas de chile)

Sal y pimienta

1. Reunir y medir/pesar los ingredientes.
2. Llevar a ebullición un vaso (250 ml) de agua con sal en una cacerola pequeña. Incorporar la quinoa, tapar, bajar el fuego a intensidad baja y dejar cocer entre quince y veinte minutos, o hasta que salga una pequeña «cola» de las semillas de quinoa. Apartar la cacerola del fuego. Si queda agua, escurrir la quinoa con un colador de malla fina. Dejar la quinoa a un lado en la cacerola o en el colador, sin taparla.
3. Calentar dos sartenes de base gruesa a fuego medio. Derretir una cucharada de mantequilla con una cucharada de aceite de oliva en cada sartén.
4. Reducir el fuego a intensidad baja de una de las sartenes. Romper los huevos y cocinarlos muy lentamente, hasta que las claras estén opacas y las yemas todavía líquidas (durante unos cinco minutos).
5. Mientras tanto, poner varios puñados de espinacas en la otra sartén y dejar que se ablanden. Añadir las espinacas restantes, puñado por puñado, según lo permita el espacio. Cuando todas las espinacas estén blandas, incorporar la pasta *harissa* (o los pimientos picantes en escamas) y remover. Condimentar con sal y pimienta.
6. Repartir las espinacas picantes entre cuatro tazones, ponerles la quinoa por encima repartiéndola con una cuchara y, sobre ello, colocar el huevo frito. Verter el jugo de la sartén por encima y servir.

SABROSAS NATILLAS DE GRUYER

Como el anterior, este es también un plato a base de huevos que se puede servir a cualquier hora del día, y estaría perfectamente equilibrado con una ensalada verde con una vinagreta de limón. La escarola, los berros, la lechuga trocadero o la lechuga mantequilla con una *vinagreta simple* (página 84) serían opciones apropiadas.

RECETA PARA 4 RACIONES

55 g de queso gruyer

55 g de queso parmesano o *pecorino* (queso de oveja curado)

2 vasos (500 ml) de nata con un 35% de contenido en materia grasa

1 ramita de tomillo fresco

1 diente de ajo

3 huevos

3 yemas de huevo

½ cucharadita de mostaza en polvo o pimienta de Cayena en polvo

Sal y pimienta

1. Reunir, preparar y medir/pesar los ingredientes. Rallar ambos quesos. Precalentar el horno a 150 °C. Untar ligeramente cuatro moldes de 250 ml o una fuente de horno de 1 l.

2. En un cazo, calentar la nata a fuego medio-bajo con el tomillo y el ajo hasta que salga vapor. Retirar del fuego y dejar que la nata se enfríe, sin quitar el tomillo ni los ajos, mientras se baten los huevos en la mezcla siguiente.

3. En un tazón, batir los huevos y las yemas con la mostaza (o la pimienta de Cayena) y sal y pimienta. Añadir los quesos rallados. Hacer pasar la nata a través de un colador de malla fina de tal manera que caiga dentro de la mezcla de huevo y remover.

4. Verter la mezcla resultante, de tipo natilla, en los moldes (o en la fuente de horno) y colocar dentro de una bandeja de horno grande y honda. Verter agua hirviendo alrededor de los moldes o la fuente hasta que llegue a la mitad de su altura. Tener cuidado de no salpicar agua en las natillas, ya que se trata de que queden cremosas y suaves, no acuosas. Hornear entre treinta y cuarenta y cinco minutos, o hasta que el centro esté firme. Si se han utilizado moldes, las natillas estarán listas más rápidamente que si se ha usado una sola fuente. Sacar del horno y dejar enfriar un poco.

5. Para servir, poner los moldes en platos individuales o extraer porciones individuales de la fuente de horno.

HUEVOS REVUELTOS CON SALMÓN AHUMADO Y ENELDO

A pesar de lo que puedas haber leído, no hay necesidad de pensar demasiado en la técnica al preparar huevos revueltos. Se pueden batir rápidamente; la vida es demasiado corta para malgastarla en nimiedades. Y siéntete libre de adaptar esta receta clásica a tus (o vuestras) preferencias (o a los ingredientes que haya en la nevera): en lugar de usar salmón ahumado y eneldo, prueba con una de las variaciones que se ofrecen a continuación, o con ambas (ver la nota), o inventa tu propia versión. La limpieza es más fácil cuando los huevos se cocinan en una superficie antiadherente, pero hay suficiente mantequilla en esta receta para evitar que se peguen.

RECETA PARA 4 RACIONES

8 huevos

100 g de salmón ahumado

3 ramitas de eneldo fresco

2 cucharadas de mantequilla

Sal y pimienta

1. Reunir, preparar y medir/pesar los ingredientes. Batir los huevos con sal y pimienta. Cortar el salmón ahumado a tiras. Con unas tijeras afiladas, cortar las hojas de eneldo y desechar los tallos.

2. Derretir la mantequilla en una sartén mediana a fuego medio-bajo. Verter los huevos en la sartén y remover suavemente con una cuchara de madera, desplazando el huevo que se vaya cocinando, para permitir que el huevo crudo fluya sobre la superficie de la sartén, durante unos dos minutos, o hasta conseguir una textura tipo cuajada suave. Los huevos deben seguir estando un poco líquidos. Retirar la sartén del fuego.

3. Inmediatamente, incorporar el salmón ahumado junto con el eneldo en los huevos revueltos y permitir que la mezcla repose durante otro minuto aproximadamente para que los huevos terminen de hacerse.

4. Servir caliente.

Nota: Los huevos revueltos son muy versátiles. Aquí hay un par de variaciones para comenzar.

- Queso de cabra y cebollino: En el paso 2, cocinar los huevos con 55 g de queso de cabra desmenuzado. En el paso 3, prescindir del salmón ahumado e incorporar de tres a cinco cebollinos frescos picados en lugar del eneldo.
- Champiñones y tomillo: En el paso 2, cocinar 225 g de champiñones rebanados durante cinco minutos hasta que liberen su líquido y se evapore, y después añadir los huevos. En el paso 3, prescindir del salmón ahumado e incorporar las hojas de dos ramitas de tomillo fresco en lugar del eneldo.

HUEVOS ESCALFADOS CON ESPINACAS Y JAMÓN CURADO

Lo más complicado de esta receta es que los huevos escalfados queden bien. Añadir vinagre al agua hirviendo es una forma tradicional, pero arriesgada, de ayudar a que cuajen las claras. Si te equivocas con la cantidad de vinagre, obtendrás unas claras de huevo horribles, gomosas. En lugar de usar vinagre, ¡haz un remolino! Este método funciona y te sentirás como un profesional.

RECETA PARA 4 RACIONES

4 huevos
2 dientes de ajo
De 2 a 3 cucharadas de
   aceite de oliva
450 g de espinacas
225 g de lonchas de jamón
   curado
Sal y pimienta

1. Reunir, preparar y medir/pesar los ingredientes. Romper los huevos de modo que caigan en tazas de té o moldes. Cortar el ajo en rodajas finas. Cubrir un plato con papel de cocina.

2. Hervir agua en una cacerola pequeña. Bajar el fuego, hacer un remolino con una cuchara de madera y deslizar suavemente dos huevos. Esperar tres minutos. Cuando los huevos estén escalfados, retirarlos con cuidado y trasladarlos al plato con una espumadera. Hacer lo mismo con los otros dos huevos.

3. En una sartén lo bastante grande como para que quepan todas las espinacas, calentar el aceite de oliva a fuego medio e incorporar el ajo. Saltear el ajo muy brevemente y después añadir las espinacas a puñados, incorporando más a medida que se ablanden. Cuando todas las espinacas estén blandas, apagar el fuego. Sazonar con sal y pimienta, trasladar a un bol y mantener caliente.

4. En la misma sartén, añadir un poco de aceite de oliva si es necesario y cocinar brevemente las lonchas de jamón para que queden crujientes, unos treinta segundos por cada lado.

5. Hacer un nido de espinacas en cada uno de los cuatro platos. Cubrirlos con un huevo escalfado, sazonar con sal y pimienta y servir con un par de lonchas de jamón al lado.

SHAKSHUKA

Procedente de las tradiciones culinarias de Israel y el norte de África, esta salsa de tomate espesa, picante y de elaboración rápida constituye un medio perfecto para alojar los huevos. Es un plato muy sustancioso y aromático, bueno para comer a cualquier hora del día. El queso feta proporciona suficiente grasa para que uno permanezca satisfecho durante horas.

RECETA PARA 4 RACIONES

2 cebollas amarillas

2 pimientos morrones rojos

4 dientes de ajo

3 cucharadas de aceite de oliva

1 cucharadita de comino molido

1 cucharadita de pimienta de Cayena

2 cucharadas de pasta de tomate

1 lata (800 ml) de tomates enteros (con el jugo reservado)

8 huevos

4 ramitas de cilantro fresco

1 manojo de perejil de hoja plana

80 g de queso feta cremoso

Sal y pimienta

1. Reunir, preparar y medir/pesar los ingredientes. Cortar las cebollas en rodajas finas. Cortar los pimientos morrones en trozos pequeños. Picar el ajo.

2. En una cazuela guisera ancha, calentar el aceite de oliva a fuego medio. Sofreír la cebolla y el pimiento durante cinco minutos, o hasta que estén suaves. Añadir el ajo y sofreír un minuto. Condimentar con sal y pimienta. Incorporar el comino y la cayena, añadir la pasta de tomate y remover. Cocinar de dos a tres minutos, o hasta que la pasta de tomate comience a caramelizarse. Agregar los tomates con su jugo. Volver a sazonar con sal y pimienta.

3. Cocer a fuego lento (solo deben aparecer unas pocas burbujas), sin tapar, entre diez y quince minutos para reducir la cantidad de líquido. La salsa debe ser lo suficientemente espesa como para poder dejar una marca con la parte posterior de la cuchara.

4. Hacer ocho huecos en la salsa y, con cuidado, romper un huevo entero dentro de cada uno. (Esto es más fácil de hacer si se rompe cada huevo dentro de un molde y se vierten en la salsa). Sazonar con sal y pimienta. Tapar y cocinar tres minutos, o hasta que las claras estén listas y las yemas estén hechas a tu (vuestro) gusto.

5. Cortar el cilantro y el perejil irregularmente y esparcirlos sobre el *shakshuka*. Desmenuzar el queso feta de manera uniforme sobre la salsa, evitando los huevos.

6. Para servir, repartir el *shakshuka* entre cuatro tazones, procurando poner dos huevos en cada uno.

HUEVOS PASADOS POR AGUA CON ESPÁRRAGOS ASADOS

Si no tienes el hábito de comer huevos duros, es posible que no tengas ninguna huevera a mano. En este caso, te doy un buen truco para servirlos: coloca los huevos en una cama de arroz crudo o sal gruesa en una taza de té o un molde pequeño. Los huevos permanecerán en posición vertical y tendrás un poco de espacio para maniobrar cuando cortes las partes superiores con un cuchillo muy afilado. Los espárragos son un sustituto perfecto del pan tostado.

RECETA PARA 4 RACIONES

450 g de espárragos verdes
1 cucharada de aceite de oliva
4 huevos
Sal y pimienta

1. Reunir, preparar y medir/pesar los ingredientes. Cortar y retirar los extremos duros y leñosos de los espárragos. Precalentar el horno a 200 °C.

2. Colocar los espárragos en una sola capa sobre una bandeja de horno en la que no se haya dispuesto ningún tipo de papel y sin engrasar. Aliñarlos con el aceite de oliva. Condimentarlos con sal y pimienta. Asarlos entre quince y dieciocho minutos, o hasta que algunas partes estén de color marrón oscuro.

3. Mientras tanto, poner agua en una olla de tamaño mediano y calentarla hasta que hierva vigorosamente. Bajar el fuego para obtener una ebullición rápida (deben aparecer muchas burbujas pequeñas) y, con una cuchara, hundir suavemente los huevos en el agua. Dejarlos cocer cinco minutos y a continuación sacarlos.

4. Para servir, colocar los huevos pasados por agua en hueveras y cortarles la parte superior. Poner los espárragos asados en un plato de servir e invitar a los comensales a usarlos para mojarlos en las yemas calientes, a modo de pan. Usar una cuchara pequeña para comer las claras cocidas.

Ensalada de rúcula, higos y nueces con vinagreta de beicon 75

Espárragos mimosa con vinagreta de champán (cava) 76

Ensalada *caprese* 77

Ensalada de *burrata*, espárragos y rábanos con vinagreta de lima 78

Pollo cortado en trocitos, aguacate y ensalada de gruyer 80

Ensalada de col lombarda y col de Saboya con nata fresca 81

Ensalada nizarda 83

Ensaladas asadas y crudas: de champiñones e hinojo,

de remolacha y zanahoria 84

Ensalada tabulé con quinoa 86

Coles de Bruselas cortadas muy finas

con queso *pecorino* y piñones 88

ENSALADAS CONTUNDENTES

ENSALADA DE RÚCULA, HIGOS Y NUECES CON VINAGRETA DE BEICON

Muchas tradiciones culinarias añaden beicon (o trocitos de tocino, panceta o *lardons*) a las ensaladas. ¿Por qué no usar un poco de esta deliciosa grasa en un aderezo? Este recurso añade profundidad y un toque salado para complementar las nueces y las verduras en este plato engañosamente simple.

RECETA PARA 4 RACIONES

ENSALADA

4 higos secos u 8 ciruelas pasas u 8 albaricoques secos

80 g de queso parmesano

70 g de mitades o trozos de nuez

3 lonchas de beicon

8 vasos (160 g) de rúcula

VINAGRETA DE BEICON

2 cucharadas de grasa de beicon obtenida tras haber cocinado el beicon a fuego lento

6 cucharadas de aceite de oliva

2 cucharadas de vinagre de vino blanco

1 cucharada de mostaza de Dijon

Sal y pimienta

1. Reunir, preparar y medir/pesar los ingredientes. Cortar los higos en cuatro trozos a lo largo (o cortar por la mitad las ciruelas pasas o los albaricoques secos a lo largo). Cortar laminitas de parmesano muy delgadas usando un pelador de verduras o un cortador de queso.

2. Poner los trozos de nuez en una sartén sin engrasar y tostarlos a fuego medio-bajo unos cinco minutos, o hasta que liberen su aroma. Dejarlos enfriar en la sartén.

3. Cocinar el beicon en otra sartén a fuego lento durante quince minutos, o hasta que la grasa haya salido. Escurrir y reservar la grasa. Secar el beicon con papel de cocina y desmenuzarlo cuando esté lo suficientemente frío como para manejarlo.

4. Para preparar la vinagreta, en un cuenco pequeño, mezclar dos cucharadas de la grasa de beicon reservada con el aceite de oliva, el vinagre, la mostaza y sal y pimienta. Batir para emulsionar, añadiendo más aceite de oliva o vinagre (una cucharadita cada vez) si es necesario. Probar y corregir el condimento si hace falta.

5. Para preparar la ensalada, poner la rúcula en una ensaladera grande. Incorporar la vinagreta y remover con suavidad pero completamente. Distribuir los higos (o las ciruelas pasas o los albaricoques secos), el parmesano, las nueces y el beicon de manera uniforme sobre la parte superior. No volver a mezclar la ensalada, o las piezas pequeñas se hundirán en el fondo del recipiente. Servir poco después de añadir el aderezo.

ESPÁRRAGOS MIMOSA CON VINAGRETA DE CHAMPÁN (CAVA)

¡Una combinación increíble de sólidos y líquidos! Una mimosa es una hermosa flor blanca y amarilla, los colores del huevo duro rallado espolvoreado sobre los espárragos verdes en una ensalada mimosa. También es un clásico cóctel-almuerzo, representado aquí por la vinagreta de champán (o cava) y jugo de naranja. Una comida deliciosa para la mente.

RECETA PARA 4 RACIONES

ESPÁRRAGOS MIMOSA

2 manojos de espárragos verdes

6 cebollinos

2 huevos grandes

VINAGRETA

1 cucharada de vinagre de champán o cava

½ vaso (125 ml) de aceite de oliva

2 cucharadas de zumo de naranja fresco

Sal y pimienta

1. Reunir, preparar y medir los ingredientes. Cortar y desechar los extremos duros y leñosos de los espárragos. Picar los cebollinos.

2. En un cazo, cubrir los huevos con agua fría y llevar a ebullición. Quitar inmediatamente los huevos del fuego y dejarlos reposar en agua caliente doce minutos.

3. Mientras tanto, colocar los espárragos en una cacerola, cubrirlos con agua fría y llevarlos a ebullición a fuego alto. Dejar que hiervan, sin tapar, durante cinco minutos, después escurrirlos y secarlos bien con un paño de cocina limpio.

4. Escurrir los huevos y hacerlos rodar suavemente sobre la encimera para romper las cáscaras. Pelarlos bajo un chorro de agua fría y reservarlos.

5. Para preparar la vinagreta, en un tazón pequeño batir el vinagre de champán o cava con el aceite de oliva y el zumo de naranja. Condimentar con sal y pimienta.

6. Colocar los espárragos en una fuente de servir. Rociarlos con la vinagreta. Hacer pasar los huevos duros a través de un colador de malla fina o rallarlos con un rallador de tal manera que caigan directamente sobre los espárragos. Condimentar con sal y pimienta. Esparcir el cebollino por encima y servir.

ENSALADA *CAPRESE*

La clave de esta ensalada es la interacción entre la *mozzarella* fresca, unos tomates perfectamente maduros, la albahaca y el mejor aceite de oliva que uno se pueda permitir. Siéntete libre de usar pequeños tomates uva y *bocconcini* (bolitas pequeñas de *mozzarella*), o hermosos tomates reliquia o de herencia y trocitos de *burrata* (si no sabes qué es la *burrata*, te lo explico en la próxima receta). Este es también un momento perfecto para usar escamas de sal y granos de pimienta ligeramente molidos, si los tienes. Y puedes preparar un aderezo rápido de pesto con ajo, albahaca, piñones y aceite de oliva para rociar sobre el queso y los tomates si quieres un sabor más intenso.

RECETA PARA 4 RACIONES

4 tomates grandes y
    maduros
225 g de *mozzarella* fresca
    de búfala
1 manojo de albahaca fresca
¼ de vaso (60 ml) de aceite
    de oliva
Sal y pimienta

1. Reunir, preparar y medir/pesar los ingredientes. Quitar el corazón a los tomates y cortarlos en rodajas, colocarlos en un plato, espolvorear un poco de sal por encima y reservar. Desmenuzar la *mozzarella* en trozos grandes con las manos. Separar las hojas de albahaca de los tallos y cortarlas ligeramente.

2. Quitar el jugo de los tomates inclinando suavemente el plato. Colocar bien los tomates en el plato (no es necesario enjuagarlo) y distribuir la *mozzarella* y luego la albahaca de manera uniforme sobre la parte superior. Aliñar con el aceite de oliva. Condimentar con sal y pimienta. Servir.

ENSALADA DE *BURRATA*, ESPÁRRAGOS Y RÁBANOS CON VINAGRETA DE LIMA

Si nunca has comido *burrata*, te espera un regalo que te cambiará la vida. Es *mozzarella* hecha con leche de vaca o búfala y nata. Imagina una *mozzarella* firme y masticable por fuera y una exquisita textura cremosa por dentro. Ahora, pruébala con unas verduras crujientes cortadas en láminas muy delgadas con un atractivo aderezo de lima. ¡Es perfecto!

RECETA PARA 4 RACIONES

ENSALADA

1 manojo de espárragos

12 rábanos

1 pepino

225 g de *burrata*

VINAGRETA DE LIMA

1 lima

6 cucharadas de aceite de oliva

1 cucharada de vinagre de vino blanco

Sal y pimienta

1. Reunir, preparar y medir/pesar los ingredientes. Usando un pelador de hortalizas o una mandolina, cortar los espárragos en lonchas largas y delgadas. Con un cuchillo, cortar los rábanos en rodajas tan delgadas como sea posible. También con un cuchillo, cortar el pepino en rodajas finas. Desmenuzar la *burrata* en trozos grandes con las manos.

2. Para preparar la ensalada, repartir los espárragos, los rábanos y el pepino en cuatro platos. Colocar los trozos de *burrata* entre las verduras.

3. Para preparar la vinagreta, rallar la cáscara de la lima y exprimir el fruto. En un tazón pequeño, mezclar una cucharadita de la cáscara rallada con una cucharada del zumo, el aceite de oliva y el vinagre. Condimentar con sal y pimienta. Aliñar la ensalada y servir.

POLLO CORTADO EN TROCITOS, AGUACATE Y ENSALADA DE GRUYER

Esta es una ensalada picada adecuada para servir a invitados o meterla en fiambreras para llevarla como almuerzo. Vale la pena cocinar el pollo justo antes de servirlo, ya que su jugo está en el mejor punto cuando acaba de sacarse de la sartén. Pero la combinación del cremoso aguacate, el gruyer y el pollo constituye un delicioso plato proteínico independientemente de cuándo se coma.

RECETA PARA 4 RACIONES

ENSALADA

450 g de pechuga de pollo deshuesada y sin piel

1 aguacate

450 g de tomates uva o *cherry*

100 g de queso gruyer

2 cucharadas de aceite de oliva

2 cucharaditas de orégano seco

2 manojos de rúcula

Sal y pimienta

ALIÑO

1 limón

1 diente de ajo

¼ de vaso (60 ml) de aceite de oliva

2 cucharadas de mayonesa

1 cucharadita de mostaza de Dijon

1. Reunir, preparar y medir/pesar los ingredientes. Cortar el pollo en cubos. Cortar el aguacate por la mitad, quitarle el hueso, sacar la pulpa con una cuchara y cortarla en trozos pequeños no uniformes. Cortar los tomates por la mitad. Rallar el gruyer.

2. Calentar las dos cucharadas de aceite de oliva en una sartén de fondo grueso a fuego medio-alto. Incorporar el pollo y sazonarlo con el orégano y sal y pimienta. Saltear entre ocho y diez minutos, removiéndolo de vez en cuando para que se cocine de manera uniforme. Sacar del fuego y dejar enfriar a temperatura ambiente en la sartén.

3. Para preparar el aliño, exprimir el limón y picar el ajo. En un cuenco pequeño, batir una cucharada del zumo de limón con el ajo, el aceite de oliva, la mayonesa y la mostaza. Condimentar con sal y pimienta.

4. Para preparar la ensalada, poner la rúcula en un bol grande y verter el aliño sobre ella. Poner el pollo guisado, el aguacate y los tomates formando montoncitos sobre la rúcula. Repartir el gruyer sobre todo ello y sazonar bien con sal y pimienta. Servir.

ENSALADA DE COL LOMBARDA Y COL DE SABOYA CON NATA FRESCA

La col es un vegetal crucífero de la misma familia que el brócoli, las coles de Bruselas y la col rizada. Buena para tu ingesta de fibra y nutrientes, también es el vehículo crujiente perfecto para el sofisticado aderezo, que incluye nata fresca en lugar de la mayonesa que se vende en los supermercados. Si no puedes encontrar nata fresca, utiliza nata agria entera.

RECETA PARA 4 RACIONES

225 g de col lombarda

225 g de col de Saboya (col con las hojas arrugadas)

3 zanahorias

1 cebolleta

½ vaso (125 ml) de nata fresca

2 cucharadas de aceite de oliva

2 cucharadas de vinagre de sidra de manzana

1 cucharadita de semillas de apio

Sal y pimienta

1. Reunir, preparar y medir/pesar los ingredientes. Cortar en rodajas muy finas o rallar ambas coles usando un cuchillo, una mandolina o un procesador de alimentos. Rallar las zanahorias usando un rallador de caja o una mandolina. Picar la parte blanca de la cebolleta.

2. Mezclar las verduras en un bol grande no reactivo.

3. En un cuenco pequeño, mezclar la nata fresca con el aceite de oliva, el vinagre y las semillas de apio. Condimentar con sal y pimienta. Verter el aderezo sobre las verduras ralladas y remover bien para cubrir completamente.

4. Tapar y refrigerar durante una hora como mínimo antes de servir, si es posible.

---

* En los utensilios y recipientes no reactivos, se evita que los alimentos ácidos acaben adquiriendo un sabor metálico (N. del T.).

ENSALADA NIZARDA

Algunos chefs dicen que la verdadera ensalada nizarda (o nicosia) no contiene patatas. Ciertamente, puedes prescindir de ellas si quieres sujetarte a la tradición… o si estás tratando de perder peso. Las patatas nuevas (las que se recogen antes de completar su período de maduración) tienen menos almidón que las más viejas, pero se pueden reemplazar fácilmente por rábanos y judías verdes, si se prefiere.

RECETA PARA 4 RACIONES

ENSALADA
450 g de judías verdes de vaina estrecha
450 g de tomates uva
225 g de rábanos
1 manojo de hojas de albahaca
450 g de patatas nuevas
4 huevos
1 vaso (150 g) de aceitunas negras
12 anchoas

2 cucharadas de alcaparras
450 g de atún en aceite de oliva
Sal y pimienta

VINAGRETA DE DIJON
2 cucharadas de vinagre de vino blanco
2 cucharaditas de mostaza de Dijon
6 cucharadas de aceite de oliva

Sal y pimienta

1. Reunir, preparar y medir/pesar los ingredientes. Cortar y desechar el extremo no comestible de las judías verdes. Cortar los tomates por la mitad. Cortar los rábanos en rodajas finas. Cortar las hojas de albahaca de forma irregular.

2. Poner las patatas en una cacerola, cubrirlas con agua, añadir una cucharada de sal y llevar a ebullición con el fuego alto. Cocerlas entre doce y quince minutos, o hasta que estén tiernas al pincharlas con un tenedor.

3. En un cazo, cubrir los huevos con agua fría y llevar a ebullición con el fuego alto. Hervir durante unos cinco minutos. Sacar inmediatamente los huevos del fuego, escurrirlos y hacerlos rodar suavemente sobre la encimera para romper las cáscaras. Pelarlos bajo un chorro de agua fría y reservarlos.

4. Llenar un bol grande con agua helada. Llevar a ebullición un cazo o una cacerola pequeña con agua con sal, añadir las judías y escaldarlas durante unos cuatro minutos. Sumergirlas en agua helada para detener la cocción y escurrirlas.

5. Para preparar la vinagreta, mezclar el vinagre y la mostaza en un cuenco pequeño. Añadir el aceite de oliva poco a poco, mezclando para emulsionar. Condimentar con sal y pimienta.

6. Para preparar la ensalada, disponer las judías verdes, los tomates, los rábanos, las patatas, las aceitunas, las anchoas y las alcaparras en cada plato. Aderezar con un poco de la vinagreta. Añadir los huevos duros partidos por la mitad y atún a cada plato. Esparcir las hojas de albahaca sobre la parte superior y sazonar con sal y pimienta. Servir con vinagreta adicional aparte.

ENSALADAS ASADAS Y CRUDAS: DE CHAMPIÑONES E HINOJO, DE REMOLACHA Y ZANAHORIA

Las verduras asadas aportan una profundidad de sabor que combina bien con las verduras crudas para obtener una ensalada muy satisfactoria. Emplea hortalizas firmes que vayan a conservar su forma tras ser asadas. Prueba con judías verdes, chirivías, boniatos o nabos blancos. Sé creativo con las hierbas y especias, y nunca tendrás la misma ensalada dos veces.

RECETA PARA 4 RACIONES

VINAGRETA SIMPLE

1 limón

1 cucharada de aceite de oliva

1 cucharadita de mostaza de Dijon

Sal y pimienta

1. Reunir, preparar y medir los ingredientes. Exprimir el limón.

2. En un cuenco pequeño, mezclar dos cucharadas del zumo de limón con el aceite de oliva y la mostaza. Condimentar con sal y pimienta. Añadir más aceite de oliva (o zumo de limón) si es necesario. Reservar.

CHAMPIÑONES E HINOJO

2 bulbos de hinojo

450 g de champiñones botón (con el sombrerillo firmemente cerrado) o *cremini* (con el sombrerillo de color café)

3 ramitas de tomillo fresco

2 cucharadas de aceite de oliva

1 vinagreta simple (ver receta en la página anterior)

225 g de verduras de hoja variadas

Sal y pimienta

1. Reunir, preparar y medir/pesar los ingredientes. Dividir los bulbos de hinojo en cuatro partes y cortarlos en rodajas de 1 cm de grosor aproximadamente. Cortar en trozos las hojas del hinojo y descartar los tallos. Enjuagar, secar y partir por la mitad los champiñones. Sacar las hojas de tomillo de los tallos y desechar estos. Precalentar el horno a 260 °C.

2. En un cuenco, mezclar el hinojo y los champiñones con el tomillo y el aceite de oliva. Condimentar con sal y pimienta. Extender sobre una bandeja de horno y asar veinte minutos, o hasta que el hinojo y los champiñones estén dorados y tiernos.

3. Mezclar las hortalizas calientes con la vinagreta simple y dejar enfriar totalmente.

4. Para servir, combinar las hortalizas asadas enfriadas con las verduras de hoja variadas y repartirlas en cuatro platos.

REMOLACHA Y ZANAHORIA

450 g de remolachas

450 g de zanahorias

1 cucharadita de semillas de comino

2 cucharadas de aceite de oliva

1 vinagreta simple (ver receta en la página anterior)

225 g de verduras de hoja variadas

Sal y pimienta

1. Reunir, preparar y medir/pesar los ingredientes. Pelar y cortar la remolacha en rodajas de 1 cm de espesor aproximadamente. Pelar y cortar las zanahorias en rodajas de 1 cm de grosor aproximadamente. Precalentar el horno a 260 °C.

2. En un cuenco, mezclar la remolacha y la zanahoria con el comino y el aceite de oliva. Condimentar con sal y pimienta. Extender sobre una bandeja de horno y asar veinte minutos o hasta que la remolacha y la zanahoria estén doradas y tiernas.

3. Mezclar las hortalizas calientes con la vinagreta simple y dejar enfriar totalmente.

4. Para servir, combinar las hortalizas asadas enfriadas con las verduras de hoja variadas y repartirlas en cuatro platos.

ENSALADA TABULÉ CON QUINOA

La ensalada tabulé se suele elaborar con trigo bulgur. Esta versión utiliza quinoa, una fuente de energía nutritiva que no es un cereal, sino una semilla. Si bien esta ensalada tabulé no es la clásica de Oriente Medio, presenta los mismos sabores picantes refrescantes que la original. Pruébala con rodajas de queso *halloumi* frito por encima.

RECETA PARA 4 RACIONES

2 tomates grandes
1 cebolla escalonia (chalota)
1 manojo de perejil de hoja plana
1 ramita de menta fresca
1 limón
¼ de vaso (60 ml) de piñones
1 vaso (250 ml) de quinoa
2 cucharaditas de pimienta de Jamaica
⅓ de vaso (80 ml) de aceite de oliva
Sal y pimienta negra molida

1. Reunir, preparar y medir los ingredientes. Cortar los tomates en dados. Picar la escalonia, los tallos y las hojas del perejil y las hojas de la menta. Exprimir el limón y medir tres cucharadas de zumo.
2. Poner los piñones en una sartén antiadherente pequeña y tostarlos ligeramente a fuego medio durante unos dos minutos, hasta que liberen su aroma característico. Vigilar que no se quemen. Retirarlos del fuego y dejar que se enfríen en la sartén.
3. Llevar a ebullición dos vasos (500 ml) de agua con sal en una cacerola pequeña o un cazo a fuego alto. Añadir la quinoa, tapar, bajar el fuego a intensidad baja y cocer a fuego lento entre quince y veinte minutos, o hasta que le salgan pequeñas «colas» a la quinoa. Retirar del fuego. Si queda agua, escurrir la quinoa en un colador de malla fina. Dejarla a un lado, sin tapar, en el recipiente en el que se ha cocido o en el colador.
4. Mientras tanto, en un bol grande, mezclar los tomates y la escalonia con el zumo de limón. Espolvorear la pimienta de Jamaica. Incorporar el perejil y la menta a la mezcla. Añadir el aceite de oliva y remover. Condimentar con sal y pimienta.
5. Incorporar la quinoa a la mezcla de tomate y perejil y remover. Servir con los piñones tostados por encima.

COLES DE BRUSELAS CORTADAS MUY FINAS CON QUESO *PECORINO* Y PIÑONES

Las coles de Bruselas adquieren un carácter sutil y ligero cuando se cortan muy finas. Si eres muy hábil con el cuchillo, puede tener un carácter meditativo para ti estar de pie cortando un buen rato. Pero para aquellos de nosotros que no contamos con la habilidad de un profesional, la cuchilla fina de un procesador de alimentos es lo que más nos ayuda en esta receta.

RECETA PARA 4 RACIONES

450 g de coles de Bruselas

30 g de *pecorino* (queso de oveja curado)

1 limón

½ vaso (125 ml) de piñones

¼ de vaso (60 ml) de aceite de oliva

Sal y pimienta

1. Reunir, preparar y medir/pesar los ingredientes. Desechar las hojas marrones o amarillas que pueda haber en las coles de Bruselas. Usando un rallador de caja, un rallador fino o la cuchilla más fina de un procesador de alimentos, cortar estas coles tan finamente como sea posible. Rallar el queso *pecorino* muy finamente también. Exprimir el limón.

2. Poner los piñones en una sartén antiadherente pequeña y tostarlos ligeramente a fuego medio uno o dos minutos, hasta que liberen su aroma característico. Vigilar que no se quemen. Retirarlos del fuego y dejar que se enfríen en la sartén.

3. En un bol grande, mezclar las coles de Bruselas con el queso *pecorino* rallado, tres cucharadas del zumo de limón y el aceite de oliva. Condimentar con sal y pimienta. Dejar caer piñones sobre la parte superior. Servir inmediatamente.

Verduras asiáticas con miso y aceite de sésamo 92

Guiso de puerros y champiñones con panceta 94

Coles de Bruselas con mantequilla al ajo y a la mostaza de Dijon 95

Remolachas con sus hojas 97

Hojas de col con leche de coco 98

Brócoli asado con aceite de pimiento picante y ajo 99

Sopa de cebolla con emmental 100

Tomates pequeños asados en la sartén con tiras de albahaca 101

Piperrada 102

Grelos con ajo y pimiento picante 104

Saag paneer 105

Coliflor asada con cúrcuma y salsa de *tahini* 107

Curri tailandés de verduras 108

Calabacín con parmesano 109

VERDURAS

VERDURAS ASIÁTICAS CON MISO Y ACEITE DE SÉSAMO

El miso es una pasta hecha de soja fermentada, que le añade el sabroso sabor *umami** (uno de los cinco sabores básicos) a esta guarnición a base de verduras fritas. Esta receta funcionará con cualquier verdura de hoja verde, así que no te preocupes si no encuentras las verduras asiáticas. El *tamari* y el miso son bastante salados, así que no conviene añadir sal en ningún momento.

RECETA PARA 4 RACIONES

1 lima

1 diente de ajo

2 cebolletas

450 g de *kai-lan* (brócoli chino) o *bok choy* (variedad de col china)

2 cucharadas de *tamari*

1 cucharada de pasta de miso

1 cucharadita de aceite de sésamo tostado

1 cucharada de aceite de cacahuete

1. Reunir, preparar y medir/pesar los ingredientes. Rallar la cáscara de la lima y exprimir el fruto. Picar el ajo. Cortar en rodajas finas tanto la parte verde como la blanca de las cebolletas y formar dos montones, uno con cada parte. Cortar y descartar la parte inferior dura del *kai-lan* (o el *bok choy*) y cortar el resto en trozos pequeños.

2. Mezclar la ralladura de lima, una cucharada de zumo de lima, el *tamari*, el miso y el aceite de sésamo en un cuenco pequeño. Reservar.

3. En un *wok* o una sartén grandes calentar el aceite de cacahuete a fuego medio, hasta que se produzcan pequeñas ondulaciones pero no llegue a salir humo. Incorporar el ajo y los trocitos de la parte blanca de las cebolletas y remover. Añadir el *kai-lan* (o el *bok choy*) y sofreír, removiendo constantemente, hasta que esté tierno (cinco minutos). Agregar la salsa de sésamo y miso, remover y cocinar, sin remover más, durante otros dos minutos.

4. Trasladar las verduras y los jugos del *wok* o la sartén a una fuente de servir y esparcir los trocitos de la parte verde de las cebolletas por encima. Servir bien caliente.

---

* Quinto sabor que perciben los humanos, que no es ni dulce ni salado ni amargo ni ácido. *Umami* en japonés significa algo así como 'delicioso'.

GUISO DE PUERROS Y CHAMPIÑONES CON PANCETA

Los puerros cocidos en caldo de pollo adquieren un exquisito dulzor natural, que aquí se ve compensado por el carácter terroso de los champiñones y salado de la panceta. Tómate el tiempo necesario para que los puerros estén muy tiernos. Sirve este plato como una comida ligera o como un excelente acompañamiento para cualquier pescado o carne de ave carentes de guarnición.

RECETA PARA 4 RACIONES

100 g de panceta

Las partes blanca y verde claro de 2 puerros

450 g de champiñones variados

1 limón

2 ramitas de tomillo fresco

1 cucharada de aceite de oliva

¾ de vaso (175 ml) de caldo de pollo; puede ser el de la receta de la página 195 (*caldo de pollo al estilo tradicional*)

Sal y pimienta

1. Reunir, preparar y medir/pesar los ingredientes. Cortar la panceta en trozos pequeños. Cortar y descartar los extremos verdes y duros de los puerros, enjuagar muy bien estas verduras y cortarlas en trozos grandes. Cortar la base del pie de los champiñones y descartarla, enjuagar los champiñones y cortarlos en cuatro trozos. Rallar la cáscara del limón. Separar las hojas de tomillo de los tallos y desechar estos.

2. En una sartén grande y pesada, calentar el aceite de oliva y cocinar la panceta a fuego medio, hasta que empiece a crujir y la grasa haya salido (unos cinco minutos). Añadir los puerros y rehogar, removiendo con frecuencia, unos siete minutos, o hasta que se ablanden. Trasladar los puerros y la panceta a un bol y reservar.

3. Poner los champiñones en la grasa que quede en la sartén. Rehogar a fuego medio hasta que liberen su líquido y comiencen a dorarse (unos cinco minutos). Añadir dos cucharadas de tomillo y una cucharada de ralladura de limón y remover. Sazonar generosamente con sal y pimienta.

4. Volver a poner la panceta y los puerros en la sartén. Incorporar el caldo de pollo y llevar a ebullición. Bajar el fuego y guisar a fuego lento, sin tapar, durante veinte minutos, o hasta que se haya absorbido la mayor parte del líquido. Condimentar con sal y pimienta.

5. Repartir entre cuatro tazones individuales y servir caliente.

COLES DE BRUSELAS CON MANTEQUILLA AL AJO Y A LA MOSTAZA DE DIJON

Son necesarias un montón de coles de Bruselas cortadas en rodajas muy finas para obtener los mejores resultados con esta receta. Se necesita paciencia y ser hábil con el cuchillo, pero vale la pena. También puedes usar la cuchilla rebanadora de un procesador de alimentos, pero no las cuchillas ralladoras o desmenuzadoras, porque obtendrías trozos demasiado pequeños. Esta receta también funciona bien con la col de Saboya (el tipo de col que tiene las hojas arrugadas).

RECETA PARA 4 RACIONES

1 diente de ajo

1 cebolleta

6 ramitas de perejil de hoja plana

450 g de coles de Bruselas

¼ de vaso (60 ml) de mantequilla a temperatura ambiente

2 cucharadas de mostaza de Dijon o en grano

Sal y pimienta

1. Reunir, preparar y medir/pesar los ingredientes. Picar el ajo y la cebolleta. Cortar y descartar la base leñosa de las coles de Bruselas y cortar las coles en rodajas delgadas, a mano o con un procesador de alimentos. Separar las hojas de perejil de los tallos, desechar estos y trocear un poco las hojas.

2. En un cuenco pequeño, mezclar bien la mantequilla con el ajo, la cebolleta y la mostaza. Sazonar generosamente con sal y pimienta. Tapar y poner en la nevera una hora antes de usar.

3. En una sartén grande a fuego medio-alto, derretir la mitad de la mantequilla condimentada. Incorporar las coles de Bruselas por puñados, removiendo mientras se cocinan y añadiendo más hasta que estén todas en la sartén (tener cuidado de que no quede demasiado llena). Saltear de cinco a siete minutos, o hasta que los bordes estén dorados. Añadir la mantequilla restante y remover, solo hasta que se derrita. Condimentar con sal y pimienta.

4. Trasladar las coles de Bruselas a una fuente, esparcir el perejil por encima y servir.

REMOLACHAS CON SUS HOJAS

Servir remolachas con sus hojas es muy agradable y coherente con la filosofía de que es mejor comer todas las partes de ciertos alimentos. La idea de esta guarnición la tuvo Jamie Kennedy, un chef de Toronto que es un genio debido a la sutileza de sus enfoques culinarios. La remolacha es naturalmente dulce y el *tamari* aporta un sabor *umami* (uno de los cinco sabores básicos) que compensa el dulzor.

RECETA PARA 4 RACIONES

Las hojas de 1 o 2 remolachas

8 remolachas entre pequeñas y medianas

1 cucharada de vinagre de sidra de manzana

1 cucharadita de *tamari*

3 cucharadas de aceite de oliva

Sal y pimienta

1. Reunir, preparar y medir los ingredientes. Lavar las hojas de las remolachas. Precalentar el horno a 180 °C.

2. Lavar las remolachas frotándolas bajo el agua, colocarlas en una fuente de horno lo bastante grande como para que todas puedan estar en una sola capa, cubrir bien con papel de aluminio y asar durante noventa minutos, o hasta que estén tiernas al pincharlas con un tenedor. Dejarlas enfriar lo suficiente como para poder manejarlas; después pelarlas y cortarlas en rodajas.

3. Llevar a ebullición una cacerola pequeña o un cazo con agua con sal a fuego alto, añadir las hojas de remolacha y escaldarlas cinco minutos. Escurrirlas bien, hasta que no quede nada de agua. Picar las hojas.

4. En un cuenco pequeño, mezclar el vinagre y el *tamari*. Poner las rodajas de remolacha en una fuente y aliñar con la mezcla de vinagre y *tamari*. Esparcir las hojas de remolacha por encima. Aderezar todo con el aceite de oliva y sazonar con sal y pimienta. Servir.

HOJAS DE COL CON LECHE DE COCO

Este plato de acompañamiento aporta calor y saciedad y complementa el jamón o el pollo asado. Los aromáticos jengibre y ajo tienen un sabor fuerte, suavizado por la deliciosa leche de coco y alegrado por la lima. Las hojas de col se pueden sustituir por *kai-lan* (brócoli chino), *bok choy* o *tung choi*.

RECETA PARA 4 RACIONES

2 cebollas escalonias (chalotas)

2 dientes de ajo

1 trozo de jengibre de 2,5 cm

1 puñado de hojas de col

2 cucharadas de aceite de semilla de uva

1 lata (400 ml) de leche de coco entera

2 cucharaditas de jugo de lima

Sal y pimienta

1. Reunir, preparar y medir los ingredientes. Cortar las escalonias en trozos no muy pequeños. Picar el ajo. Rallar el jengibre. Cortar las hojas de col a tiras.

2. En una sartén grande a fuego medio, calentar el aceite de semilla de uva. Incorporar las escalonias, el ajo y el jengibre, y rehogar unos cinco minutos, hasta que se desprenda aroma. Condimentar con sal y pimienta.

3. Añadir la leche de coco y calentar hasta que empiece a salir humo. Incorporar las hojas de col y guisar unos doce minutos, hasta que las hojas estén tiernas y la leche de coco mengüe y forme una película sobre ellas.

4. Trasladar las hojas a una fuente de servir, añadir el zumo de lima y remover suavemente. Probar y añadir más sal y pimienta si se considera oportuno. Servir inmediatamente.

BRÓCOLI ASADO CON ACEITE DE PIMIENTO PICANTE Y AJO

La clave del éxito de esta receta es cocinar los componentes por separado. Haz que el aceite de oliva se impregne del ajo y los pimientos picantes, y a continuación dora el brócoli a fuego alto. Este quedará perfectamente tierno y crujiente, y no tendrás que lidiar con pequeños trozos amargos de ajo carbonizado.

RECETA PARA 4 RACIONES

450 g de brócoli

2 dientes de ajo

2 pimientos rojos suaves o picantes

1 limón

5 cucharadas de aceite de oliva, repartidas

Sal y pimienta

1. Reunir, preparar y medir/pesar los ingredientes. Separar el brócoli en cogollos con un poco de tallo. Cortar el ajo en rodajas finas y hacer lo mismo con los pimientos. Cortar el limón en gajos.

2. Llenar un bol grande con agua helada. Llevar a ebullición una olla grande de agua con sal a fuego alto, añadir el brócoli y escaldarlo durante tres minutos. Escurrir el brócoli y sumergirlo en el agua helada para detener la cocción. Escurrirlo de nuevo y extenderlo en una sola capa sobre un paño de cocina limpio para que se seque totalmente.

3. Calentar tres cucharadas de aceite de oliva en un cazo a fuego medio-bajo. Incorporar el ajo y el pimiento. Condimentar con sal y pimienta. Bajar el fuego a intensidad baja y remover entre tres y cinco minutos para que los sabores se mezclen. No permitir que el ajo se vuelva marrón oscuro. Sacar del fuego y reservar.

4. Mezclar bien el brócoli con las restantes dos cucharadas de aceite de oliva. Condimentar con sal y pimienta. Calentar, sin engrasarla, una sartén *grill* o una sartén pesada de hierro colado hasta que esté muy caliente, poner en ella un puñado de brócoli y asar, sin remover, unos cuatro minutos, hasta que algunas partes queden chamuscadas. Trasladar el brócoli asado a un bol grande. Hacer lo mismo con el brócoli restante; asarlo por porciones y tener cuidado de no llenar demasiado la sartén.

5. Mezclar bien el brócoli con el aceite de ajo y pimiento picante y sazonar con sal y pimienta. Repartir entre cuatro platos y servir con los gajos de limón.

SOPA DE CEBOLLA CON EMMENTAL

Las cebollas de un color marrón oscuro glorioso que se obtienen con esta receta constituyen un ejemplo perfecto de cómo el hecho de tostar y caramelizar resalta la dulzura natural de los alimentos sin añadirles azúcar. La cocción lenta requiere paciencia, pero se puede efectuar en una olla de cocción lenta o en una olla a presión, si se prefiere. Una cantidad generosa de queso rallado corona esta sopa deliciosa y consistente.

RECETA PARA 4 RACIONES

1 kg de cebollas amarillas

2 dientes de ajo

100 g de queso emmental o gruyer

60 ml de mantequilla

1 cucharada de mostaza de Dijon

¾ de vaso (180 ml) de vino blanco o jerez

2 l de caldo de pollo; puede ser el de la receta de la página 195 (*caldo de pollo al estilo tradicional*)

2 cucharadas de vinagre de Jerez

Sal y pimienta

1. Reunir, preparar y medir/pesar los ingredientes. Cortar las cebollas en rodajas muy finas (un procesador de alimentos permite ahorrar mucho tiempo con esta operación). Picar el ajo. Rallar el queso.
2. En una olla de hierro colado esmaltado de fondo grueso u otra cacerola grande y pesada con tapa, derretir la mantequilla a fuego medio-alto. Incorporar la cebolla y el ajo y remover. Condimentar con sal y pimienta. Saltear, removiendo con frecuencia, unos cinco minutos, o hasta que la cebolla empiece a dorarse. Bajar el fuego al mínimo y pochar (freír a fuego lento), sin tapar, entre cuarenta y cinco y sesenta minutos, removiendo de vez en cuando. Si la cebolla se estuviese secando, añadir una cucharada de agua para que no se queme.
3. Cuando se tenga una gruesa capa de cebolla y ajo de color marrón oscuro, añadir la mostaza y remover. Incorporar el vino blanco (o el jerez). Subir el fuego a medio-alto y cocinar hasta que no quede casi nada de líquido (unos cinco minutos). Añadir el caldo, llevar a ebullición, bajar el fuego y cocer a fuego lento, con la olla parcialmente tapada, durante unos treinta minutos.
4. Para servir, sazonar con sal y pimienta y añadir el vinagre. Servir la sopa en cuatro tazones hondos. Dividir el queso rallado en cuatro montones, comprimirlos como si se estuviera haciendo una bola de nieve poco apretada y colocarlos suavemente sobre la sopa. Parte del queso se hundirá y parte flotará. Mejor servir muy caliente.

TOMATES PEQUEÑOS ASADOS EN LA SARTÉN CON TIRAS DE ALBAHACA

Esta receta fácil de preparar tan deliciosa como luego resulta ser. Puesto que las tiras de albahaca fresca se añaden a los tomates mientras aún están calientes, la albahaca no pierde su hermoso color verde o su sabor característico. Prueba a duplicar los ingredientes de esta receta y convertir en puré la mitad para usarlo como condimento o en salsas. Este plato es un acompañamiento perfecto para el pollo asado.

RECETA PARA 4 RACIONES

450 g de tomates uva o *cherry*

1 diente de ajo

1 pequeño manojo de hojas de albahaca

1 cucharada de mantequilla

1 cucharada de aceite de oliva

Sal y pimienta

1. Reunir, preparar y medir/pesar los ingredientes. Partir los tomates por la mitad. Picar el ajo. Apilar las hojas de albahaca y cortarlas en tiras finas.

2. En una sartén de fondo grueso a fuego medio, derretir la mantequilla con el aceite de oliva durante unos dos minutos, o hasta que se forme una espuma. Incorporar los tomates y el ajo y sazonar con sal y pimienta. Remover unos treinta segundos, después bajar el fuego a intensidad baja y cocinar, sin tapar, de quince a veinte minutos, o hasta que los tomates hayan liberado la mayor parte de su líquido y se hayan caramelizado ligeramente.

3. Trasladar los tomates calientes a una fuente de servir, esparcir las tiras de albahaca sobre la parte superior y servir inmediatamente con una generosa cucharada de los jugos de la sartén.

PIPERRADA

El calabacín no siempre se encuentra en la piperrada clásica, pero esta versión está inspirada en Julia Child, cuyo libro *El arte de la cocina francesa* redefinió muchas convenciones. De todos modos, siempre encontrarás cebolla, ajo y pimientos morrones en esta guarnición provenzal, junto con cantidades generosas de aceite de oliva para cocinar y darle el toque final.

RECETA PARA 4 RACIONES

2 cebollas amarillas

2 dientes de ajo

450 g de calabacín

2 pimientos morrones rojos

1 pimiento morrón amarillo o naranja

4 ramitas de albahaca fresca

3 cucharadas de aceite de oliva, repartidas

Sal y pimienta

1. Reunir, preparar y medir/pesar los ingredientes. Cortar la cebolla en rodajas. Picar el ajo. Cortar y descartar el extremo leñoso del calabacín y cortar el resto en palitos de 1 cm de ancho. Cortar el extremo leñoso de los pimientos, quitarles las semillas y cortarlos en rodajas de 1 cm. Apilar las hojas de albahaca y cortarlas en tiras finas (corte *chiffonade*).

2. Calentar una cucharada de aceite de oliva en una sartén grande a fuego medio. Sofreír las cebollas, removiendo ocasionalmente, hasta que estén translúcidas y doradas (entre doce y quince minutos). Condimentar con sal y pimienta.

3. Añadir las dos cucharadas restantes de aceite de oliva y el ajo. Incorporar el calabacín y los pimientos y remover. Condimentar con sal y pimienta. Cocinar entre doce y quince minutos más, casi sin remover, para permitir que las hortalizas se doren pero no se quemen. Seguir cocinando si hay demasiado líquido; las hortalizas deben estar jugosas, no mojadas.

4. Trasladar la piperrada a una fuente de servir y esparcir la albahaca por encima. Aliñar con otra cucharada de aceite de oliva, si se quiere. Servir caliente o a temperatura ambiente.

GRELOS CON AJO Y PIMIENTO PICANTE

Ligeramente amargos y un poco gelatinosos, los grelos proporcionan un buen abanico de sabores mediterráneos fuertes. A veces añado unas cuantas anchoas envasadas en aceite de oliva o unas cuantas aceitunas con el ajo y el pimiento para obtener un sabor aún más picante. Los grelos contienen fibra soluble, la cual ralentiza la digestión y ayuda a controlar los niveles de insulina. Si no puedes encontrarlos, usa brócoli (también 450 g). Se puede servir como un buen plato principal o como acompañamiento.

RECETA PARA 4 RACIONES

450 g de grelos
2 dientes de ajo
¼ de vaso (60 ml) de aceite de oliva
Pimientos rojos picantes secos en escamas (hojuelas de chile), al gusto
½ limón
Sal y pimienta

1. Reunir, preparar y medir/pesar los ingredientes. Cortar y descartar el extremo duro del tallo de los grelos y cortar las hojas irregularmente. Picar el ajo.
2. Llevar a ebullición una olla grande de agua con sal a fuego alto, incorporar los grelos y escaldarlos de dos a cuatro minutos, o hasta que cambien de color. Escurrirlos, esparcirlos sobre un paño de cocina limpio para que se sequen totalmente y reservarlos.
3. En una sartén grande y pesada, a fuego medio-alto, calentar el aceite de oliva hasta que se formen ondas pero no llegue a echar humo. Incorporar el ajo y los pimientos rojos en escamas y remover treinta segundos. Añadir los grelos y sazonar con sal y pimienta. Verter ¼ de vaso (60 ml) de agua y cocinar, removiendo, unos cuatro minutos, hasta que los grelos se pongan blandos y la mayor parte del agua se haya evaporado.
4. Trasladar los grelos a una fuente de servir y exprimir el limón de tal manera que el zumo caiga por encima. Sazonar con más sal y pimienta o escamas de pimiento. Aliñar con un poco más de aceite de oliva, si se quiere. Servir de inmediato o a temperatura ambiente.

SAAG PANEER

En hindi, *saag paneer* significa 'verduras de hoja verde con requesón'. El *paneer* es un queso fresco cuyo aspecto y sabor son parecidos a los del requesón. El *saag paneer* es una guarnición popular en la cocina india y recuerda las especias y los sabores utilizados en el curri.

RECETA PARA 4 RACIONES

450 g de espinacas
450 g de queso *paneer*
1 cebolla amarilla
2 dientes de ajo
1 trozo de jengibre de 5 cm
1 pimiento picante verde
1 limón
2 cucharadas de *ghee*
1 cucharadita de chile en polvo o pimienta de Cayena
1 cucharadita de cúrcuma molida
1 cucharadita de *garam masala* (mezcla de especias secas muy presente en la cocina india y de otras partes de Asia)
Sal y pimienta

1. Reunir, preparar y medir/pesar los ingredientes. Enjuagar y cortar las espinacas en trozos pequeños. Cortar en cubos el queso *paneer*. Cortar la cebolla en dados. Cortar ligeramente el ajo, el jengibre y el pimiento picante. Poner las cebollas, el ajo, el jengibre y el pimiento en un procesador de alimentos y hacer un puré. Dividir el limón en cuatro gajos.

2. En una sartén antiadherente grande a fuego medio-alto, cocinar las espinacas muy rápidamente en el agua que sigue presente en las hojas después de enjuagarlas. Retirar las espinacas de la sartén y dejar que se enfríen. Cuando estén lo suficientemente frías como para manipularlas con las manos, exprimir cualquier líquido residual.

3. En una sartén grande y limpia a fuego medio-alto, derretir el *ghee*. Incorporar el chile en polvo (o la cayena) y la cúrcuma y remover durante un minuto. Añadir el *paneer* y saltearlo durante dos minutos, hasta que se dore por todos los lados. Trasladar el *paneer* a una fuente, dejando las especias en la sartén.

4. Volver a poner la sartén a fuego medio. Incorporar la mezcla de cebolla y sofreír de cinco a siete minutos, removiendo ocasionalmente, hasta que esté muy suave y dorada. Añadir las espinacas cocinadas y remover. Sazonar con el *garam masala* y sal y pimienta. Añadir el *paneer* cocinado para calentarlo y remover.

5. Repartir el *saag paneer* entre cuatro tazones individuales y servir con los gajos de limón aparte.

COLIFLOR ASADA CON CÚRCUMA Y SALSA DE *TAHINI*

Cuando se asa, la coliflor adquiere un maravilloso aspecto de fruto seco. Bañada o aliñada con salsa de *tahini*, esta coliflor asada es una comida en sí misma, pero también funciona bien como guarnición. Si convives con personas que odian las verduras, prueba a servirles esta receta. ¡Tal vez descubran que les encanta la coliflor!

RECETA PARA 4 A 8 RACIONES, COMO PLATO PRINCIPAL O GUARNICIÓN

COLIFLOR
2 cabezas de coliflor
3 ramitas de cilantro fresco
2 ramitas de menta fresca
¾ de vaso (180 ml) de aceite de oliva
1 cucharada de semillas de comino
2 cucharaditas de cúrcuma molida
Sal y pimienta

SALSA DE *TAHINI*
2 dientes de ajo
De 2 a 3 cucharaditas de sal
½ vaso (125 ml) de *tahini*
⅓ de vaso (80 ml) de zumo de limón
¼ de vaso (60 ml) de agua
¼ de vaso (60 ml) de aceite de oliva

1. Reunir, preparar y medir los ingredientes. Partir la coliflor en cogollos y extenderla en dos bandejas de horno sin engrasar. Cortar el cilantro y la menta en trozos pequeños no uniformes. Precalentar el horno a 220 °C.

2. Para preparar la coliflor, verter el aceite de oliva en un cuenco pequeño, añadir el comino y la cúrcuma, remover y sazonar con sal y pimienta. Con una cuchara, poner el aceite de oliva especiado sobre la coliflor y remover para que quede cubierta de manera uniforme. Asar unos cuarenta y cinco minutos, verificando ocasionalmente que la coliflor no se esté quemando. No le des la vuelta a menos que quieras que se dore de manera uniforme. Personalmente, encuentro que es más interesante que un lado tenga un color marrón más oscuro, ¡y da menos trabajo!

3. Para preparar la salsa de *tahini*, poner los dientes de ajo en un mortero o en una tabla de madera. Añadir la sal, una cucharadita cada vez, y usar el mortero o el lado plano de un cuchillo para machacar el ajo y hacer una pasta. En un cuenco pequeño, mezclar esta pasta de ajo con el *tahini*, el zumo de limón, el agua y el aceite de oliva. Reservar.

4. Mezclar la coliflor asada con las hierbas picadas, trasladarla a una fuente o a tazones individuales y servirla con la salsa de *tahini* a un lado.

CURRI TAILANDÉS DE VERDURAS

Si bien es poco probable que encuentres granos de maíz dulce en una auténtica receta tailandesa, esta sabrosa innovación proporciona una textura crujiente y dulzor para contrastar con el carácter carnoso de los garbanzos y los champiñones. Considera esta receta como un plato principal de inspiración tailandesa para los surfistas hambrientos (los que cabalgan las olas o los que navegan por Internet).

RECETA PARA 4 RACIONES

1 cebolla amarilla

2 dientes de ajo

225 g de champiñones blancos o marrones

1 trozo de jengibre de 2,5 cm

1 pimiento rojo picante tailandés

1 lima

1 manojo grande de col rizada

1 manojo de albahaca tailandesa o convencional

1 cucharada de aceite de oliva

1 vaso (250 ml) de granos de maíz, frescos o congelados

1 lata o bote (540 ml) de garbanzos

1 lata (400 ml) de leche de coco entera

2 tallos de hierba limón

1 cucharada de pasta de curri verde suave

2 cucharadas de *tamari*

1 cucharada de salsa de pescado tailandesa

Sal y pimienta negra

1. Reunir, preparar y medir/pesar los ingredientes. Cortar la cebolla en trocitos pequeños. Picar el ajo. Cortar los champiñones por la mitad. Rallar el jengibre. Cortar el pimiento rojo en rodajas finas. Exprimir la lima. Desechar los tallos de la col rizada y cortar las hojas en rodajas. Separar las hojas de albahaca de los tallos y cortarlas en trozos pequeños no uniformes.
2. En una sartén grande de fondo grueso, a fuego medio, calentar el aceite de oliva. Incorporar la cebolla y el ajo. Sofreír, removiendo, unos cinco minutos, o hasta que las cebollas empiecen a adquirir color. Añadir los champiñones, el jengibre, el pimiento rojo, dos cucharadas de zumo de lima, la col rizada, el maíz, los garbanzos, la leche de coco, la hierba limón y la pasta de curri, y mezclar. Llevar la mezcla a ebullición, después bajar el fuego y guisar a fuego lento durante veinticinco minutos, removiendo una o dos veces.
3. Retirar el curri del fuego y desechar la hierba limón. Añadirle el *tamari* y la salsa de pescado, remover, probar y ajustar la sazón con sal y pimienta.
4. Trasladar el curri a una fuente de servir o repartirlo entre cuatro tazones individuales. Servir caliente, adornado con la albahaca.

CALABACÍN CON PARMESANO

A veces no importa qué tipo de parmesano se emplee, si está presente más por su textura que por su sabor. Esta no es una de esas ocasiones. En este caso, cada uno de los ingredientes tiene un papel coprotagonista en el plato final, que se asemeja a una lasaña hecha con calabacín. Utiliza el mejor parmesano *reggiano* o *grana padano* que puedas permitirte.

RECETA PARA 4-6 RACIONES

1 lata (800 ml) de tomates enteros

1 cebolla amarilla

1 kg de calabacín

100 g de queso parmesano *reggiano*

5 cucharadas de mantequilla

3 cucharadas de aceite de oliva

2 cucharaditas de pimienta roja en escamas

Sal y pimienta

1. Reunir, preparar y medir/pesar los ingredientes. Cortar los tomates en trozos pequeños y reservar el jugo. Partir la cebolla por la mitad. Cortar el calabacín a lo largo en rebanadas finas. Rallar el parmesano.

2. En una sartén a fuego medio, cocinar los tomates con la cebolla, la mantequilla y sal y pimienta, de treinta a cuarenta minutos, o hasta que la salsa se haya espesado.

3. Mientras la salsa de tomate se está cocinando, precalentar el horno a 230 °C. Disponer las rebanadas de calabacín en una sola capa en dos bandejas de horno. Aliñar con el aceite de oliva, espolvorear la pimienta roja en escamas y sazonar con sal y pimienta. Asar durante diez minutos.

4. Retirar el calabacín del horno y bajar este a 190 °C. Dejar que las rebanadas de calabacín se enfríen colocadas en sartenes hasta que liberen su líquido. Deshacerse de este líquido.

5. Con una cuchara, poner un tercio de la salsa de tomate en el fondo de una fuente de horno de unos 33 x 23 cm (2 l de capacidad). Cubrir el fondo con un tercio de las rebanadas de calabacín y cubrirlas con un tercio del queso parmesano. Repetir esta disposición por capas dos veces, de manera que un tercio del parmesano quedará por encima. Asar en el horno treinta minutos, o hasta que el queso que está a la vista burbujee y se dore.

6. Sacar del horno y dejar enfriar veinte minutos antes de cortar. Servir tibio.

Muslos de pollo con limón encurtido 113

Pechugas de pollo escalfadas en vino rosado 114

Higaditos de pollo con jerez y nata 115

Pollo y verduras en una bandeja de asar al estilo mediterráneo 116

Pollo con costra de semillas de sésamo 118

Pollo marroquí con cúrcuma y albaricoques 119

Cassoulet rápido de pato 121

Pato guisado al té con hinojo 122

Pavo con curri 123

Chili de pavo 124

AVES DE CORRAL: POLLO, PATO Y PAVO

MUSLOS DE POLLO CON LIMÓN ENCURTIDO

Esta es una receta mágica en que la grasa del pollo hace maravillas, si se es paciente. El limón encurtido equilibra perfectamente la grasa, y el toque de zumo de limón fresco al final despierta las papilas gustativas. Acompaña especialmente bien a este plato una verdura de hoja de color verde oscuro, como la col rizada o las hojas de col, o los *tomates pequeños asados en la sartén con tiras de albahaca* (según la receta de la página 101).

RECETA PARA 4 RACIONES

8 muslos de pollo con piel y con sus huesos

1 limón encurtido

1 limón

1 cucharada de aceite de oliva

Sal y pimienta

1. Reunir, preparar y medir los ingredientes. Sazonar la piel del pollo con sal y pimienta abundantes. Cortar la corteza del limón encurtido en rodajas finas. Cortar el limón fresco en cuatro gajos.

2. En una sartén grande y pesada, preferiblemente de hierro colado, calentar el aceite de oliva a fuego medio hasta que esté a punto de hervir, sin que llegue a hacerlo. Incorporar los muslos de pollo, con la piel hacia abajo, y permitir que se cocinen durante treinta minutos, sin tocarlos. Bajar el fuego si la piel del pollo empieza a quemarse, pero de lo contrario dejar que la grasa vaya saliendo y cocinándose y la piel se vuelva crujiente.

3. Cuando la piel esté crujiente y dorada, dar la vuelta a los muslos. Añadir la cáscara del limón encurtido y mezclarla bien con los deliciosos jugos de la sartén. Guisar entre doce y quince minutos más, o hasta que el jugo salga claro al perforar el pollo con la punta de un cuchillo.

4. Trasladar el pollo a una fuente de servir, rociarlo con el jugo de la sartén y servir con los gajos del limón fresco a un lado.

PECHUGAS DE POLLO ESCALFADAS EN VINO ROSADO

Esta deliciosa receta es fácil de elaborar; solo tiene unos pocos ingredientes clave. También es un plato perfecto para prepararlo con antelación y las sobras son maravillosamente estupendas para cortarlas e incluirlas en una ensalada. Y la salsa de vino y mostaza sirve también como aderezo para ensaladas; para ello, basta con hacerla más líquida añadiéndole un poco de zumo de limón o aligerar la mostaza con un poco de aceite de oliva. ¡El cocinero elige!

RECETA PARA 4 RACIONES

6 dientes de ajo

6 hojas de albahaca

¼ de vaso (60 ml) de aceite de oliva

1 vaso (250 ml) de vino rosado o tinto (*zinfandel*, si puede ser)

900 g de pechugas de pollo deshuesadas

1 cucharada de mostaza de Dijon o en grano

Sal y pimienta

1. Reunir, preparar y medir/pesar los ingredientes. Aplastar el ajo. Cortar irregularmente las hojas de albahaca.

2. Calentar el aceite de oliva a fuego medio en una cacerola de fondo grueso lo bastante grande como para alojar las pechugas de pollo sin problemas. Incorporar el ajo y sofreírlo en el aceite de oliva durante un minuto, o hasta que esté aromático. Tener cuidado de no dejar que el ajo se dore. Añadir el vino, remover y sazonar con sal y pimienta.

3. Incorporar las pechugas de pollo y suficiente agua, si es necesario, para que queden totalmente cubiertas de líquido. Llevar a ebullición, bajar el fuego a intensidad baja, tapar y cocer a fuego lento entre quince y dieciocho minutos, o hasta que la temperatura interna del pollo sea de 71 °C. Retirar del fuego y dejar que el pollo se enfríe en el mismo líquido.

4. Cuando esté frío, ponerlo sobre una tabla para cortarlo después (paso 5). Colar dos vasos (500 ml) del líquido en el que ha estado el pollo en un vaso medidor de cristal. En un cazo a fuego medio-alto, reducir el líquido colado a un vaso aproximadamente (250 ml). Añadir la mostaza y remover. Probar y ajustar la sazón con sal y pimienta.

5. Cortar el pollo en lonchas finas y ponerlo en una fuente o en platos individuales. Para servir, aliñar con la salsa de vino y mostaza y esparcir la albahaca por encima.

HÍGADITOS DE POLLO CON JEREZ Y NATA

Este es un plato elegante, y el jerez le aporta un toque español. Un delicioso vino oscuro y oloroso es perfecto para saborear mientras se cocina este plato, ¡pero el jerez de cocina común está bien para elaborar la receta!

RECETA PARA 4 RACIONES

450 g de higaditos de pollo

1 cebolla amarilla

2 dientes de ajo

2 ramitas de perejil fresco de hoja plana o rizada

1 ramita de tomillo fresco

2 cucharadas de aceite de oliva

¼ de vaso (60 ml) de caldo de pollo; puede ser el de la receta de la página 195 (*caldo de pollo al estilo tradicional*)

2 cucharadas de jerez seco

2 cucharadas de nata fresca o espesa

Sal y pimienta

1. Reunir, preparar y medir/pesar los ingredientes. Limpiar los higaditos, cortando y descartando cualquier tendón. Cortar la cebolla en trocitos pequeños. Picar el ajo. Quitar las hojas de las ramitas de perejil y tomillo y trocear las hojas.

2. En una sartén pesada a fuego medio-alto, calentar el aceite de oliva hasta que esté a punto de hervir. Incorporar los higaditos y dorar por todos los lados, unos cinco minutos. Trasladarlos a un plato. Poner la cebolla y el ajo en la sartén y sofreírlos entre seis y ocho minutos, hasta que se ablanden, sin que lleguen a dorarse.

3. Añadir el caldo y el jerez y raspar cualquier resto marrón que haya quedado en la sartén con una cuchara de madera. Llevar a ebullición y bajar el fuego. Volver a poner los higaditos en la sartén y guisarlos a fuego lento, sin tapar, durante cinco minutos. En la parte central, el color no debería dejar de ser rosa pálido. Retirar del fuego.

4. Disponerlos en una fuente de servir. Añadir la nata fresca (o espesa) al jugo de la sartén, remover y verter sobre el pollo. Condimentar con sal y pimienta. Esparcir el perejil y el tomillo por encima antes de servir.

POLLO Y VERDURAS EN UNA BANDEJA DE ASAR AL ESTILO MEDITERRÁNEO

¿A quién no le gustan los asados al horno? Esta versión combina sabores audaces en grandes piezas de alimento: olvídate de cucharaditas de esto o pellizcos de aquello; en lugar de ello, usa todo el manojo, toda la cabeza, las aceitunas y el beicon. No tengas miedo de preparar verduras de más: solo debes emplear dos bandejas de horno en lugar de una sola.

RECETA PARA 4 RACIONES

2 calabacines pequeños
1 cebolla amarilla
1 cabeza de ajo
225 g de aceitunas *kalamata*
1 manojo de albahaca fresca
4 cucharadas de aceite de oliva

225 g de beicon o panceta en lonchas
4 muslos y contramuslos de pollo, todos con su piel y sus huesos
450 g de tomates uva
1 guindilla (chile) ojo de pájaro (muy picante)
Sal y pimienta

1. Reunir, preparar y medir/pesar los ingredientes. Cortar el calabacín en rodajas de 1 cm de espesor aproximadamente. Cortar la cebolla verticalmente en ocho trozos. Separar los dientes de ajo de su bulbo, pero no pelarlos. Machacar el ajo con su piel y desechar la piel a continuación. Quitar los huesos de las aceitunas. Cortar las hojas de albahaca en trozos pequeños no uniformes. Precalentar el horno a 180 °C.

2. Cubrir con papel de cocina la superficie de un plato. Poner dos cucharadas de aceite de oliva en una bandeja para asar lo suficientemente grande como para que quepan todos los ingredientes en una capa. Poner el beicon (o la panceta) en la bandeja de asar y cocinar a fuego medio-bajo durante diez minutos. Usar una espumadera para trasladar el beicon (o la panceta) al plato cubierto con el papel de cocina.

3. Poner el calabacín, la cebolla, el ajo, las aceitunas, la albahaca, el pollo, los tomates y la guindilla en la bandeja para asar. Añadir las dos cucharadas restantes de aceite de oliva y sazonar con sal y pimienta. Mezclar todo para que quede bien aliñado. Agitar la bandeja para que todos los ingredientes queden dispuestos en una capa (más o menos). Asar, sin efectuar ninguna otra operación, durante treinta minutos.

4. Poner el beicon (o la panceta) sobre los otros ingredientes y asar entre quince y veinte minutos más, o hasta que el jugo del pollo salga claro cuando se pinche cerca del hueso.

5. Servir el pollo con verduras y el beicon (o la panceta) añadiendo por encima, con una cuchara, algo del jugo que ha quedado en la bandeja de asar, si se quiere.

POLLO CON COSTRA DE SEMILLAS DE SÉSAMO

Si te encanta el pollo frito, aquí hay una versión muy sabrosa gracias a los sabores asiáticos de los cítricos, el jengibre y la soja, y una capa crujiente y salada de semillas de sésamo. Una ventaja adicional es la fibra que aportan las semillas, pero ¿qué más da? Este pollo está delicioso acompañado por el plato de *verduras asiáticas con miso y aceite de sésamo* que se describe en la página 92.

RECETA PARA 4 RACIONES

700 g de pechugas de pollo deshuesadas y sin piel
1 trozo de jengibre de 2,5 cm
1 lima
6 ramitas de cilantro fresco o perejil de hoja plana

½ vaso (125 ml) de semillas de sésamo (blancas o negras)
1 cucharada de aceite de semilla de uva
1 cucharadita de aceite de sésamo tostado
¼ de vaso (60 ml) de mantequilla
1 cucharada de *tamari*
Sal y pimienta

1. Reunir, preparar y medir/pesar los ingredientes. Golpear las pechugas de pollo con un martillo ablandador de carne para que tengan un grosor uniforme, de 2,5 cm aproximadamente. Rallar el jengibre. Rallar la cáscara de la lima y exprimir el fruto. Rasgar o cortar en trozos pequeños no uniformes las hojas de cilantro (o perejil).
2. Poner las semillas de sésamo en un cuenco poco profundo. Sazonar el pollo con sal y pimienta, y después presionar las semillas contra los dos lados. Reservar sobre papel encerado o de horno.
3. En una sartén grande y pesada a fuego medio, calentar el aceite de semilla de uva y el de sésamo. Cocinar las pechugas de pollo durante seis minutos, darles la vuelta y cocinarlas otros cuatro minutos. (Si no se dispone de una sartén lo bastante grande como para contener todo el pollo a la vez, cocinarlo por tandas). Bajar el fuego si es necesario para evitar que se quemen las semillas de sésamo. Trasladar el pollo cocinado a una fuente de servir y mantenerlo caliente mientras se prepara la salsa.
4. En la misma sartén, derretir la mantequilla. Incorporar el jengibre y saltear ligeramente unos treinta segundos. Añadir una cucharada del zumo de la lima y el *tamari*, remover y guisar durante un minuto para que los sabores se mezclen.
5. Para servir, verter la salsa sobre el pollo y espolvorear la ralladura de lima y el cilantro (o el perejil) por encima. Servir enseguida.

POLLO MARROQUÍ CON CÚRCUMA Y ALBARICOQUES

Esta receta contiene ingredientes marroquíes tradicionales como la nata aromática, la cúrcuma y la fruta seca, pero he reducido la cantidad de fruta de los platos auténticos del norte de África para limitar el contenido de fructosa. No es un plato tradicional, por lo que el título de la receta es un poco inapropiado. ¡Pero sin duda es delicioso!

RECETA PARA 4 RACIONES

8 muslos de pollo con el hueso y la piel

1 cebolla amarilla

2 dientes de ajo

1 trozo de jengibre de 2,5 cm

125 g de albaricoques secos

3 cucharadas de grosellas

3 cucharadas de aceite de oliva

½ cucharadita de cúrcuma molida

½ vaso (125 ml) de crema agria

½ vaso de agua o caldo de pollo (puede ser el de la receta de la página 195, *caldo de pollo al estilo tradicional*)

Sal y pimienta

1. Reunir, preparar y medir/pesar los ingredientes. Lavar y secar los muslos de pollo con papel de cocina. Cortar la cebolla en dados. Picar el ajo. Rallar el jengibre. Cortar los albaricoques en rodajas. Lavar las grosellas en agua tibia y escurrirlas bien.
2. Calentar el aceite de oliva en una sartén grande de fondo grueso con tapa a fuego medio-alto, hasta que esté caliente pero no eche humo. Dorar los muslos de pollo por ambos lados, de cinco a siete minutos por lado. (Si no dispones de una sartén lo bastante grande como para contener todo el pollo a la vez, cocínalo por tandas). Trasladar el pollo cocinado a una fuente y reservarlo.
3. Verter todo el aceite menos una cucharada. Incorporar la cúrcuma al aceite caliente y remover durante un minuto aproximadamente. Añadir la cebolla, remover y sofreír unos cinco minutos, o hasta que esté transparente. Agregar el ajo y el jengibre y rehogar dos minutos, o hasta que se desprenda aroma. Verter la crema agria y a continuación el agua (o el caldo) y remover. Llevar a ebullición y después bajar el fuego a intensidad baja para cocer a fuego lento. Añadir los albaricoques y las grosellas y sazonar con sal y pimienta.
4. Volver a meter el pollo en la sartén y guisarlo a fuego lento, sin tapar, entre treinta y cuarenta minutos, o hasta que los jugos salgan claros al pinchar el muslo cerca del hueso.
5. Servir en tazones y comer con cuchara para aprovechar toda la salsa, que está deliciosa.

CASSOULET RÁPIDO DE PATO

Aunque se tarde un par de horas en preparar y cocinar esta receta, la elaboración es rápida teniendo en cuenta que se trata de un *cassoulet*. Un verdadero *cassoulet* implica poner en remojo alubias crudas y cocerlas, preparar confit de pato y cocer a fuego lento durante horas. Algunos atajos dan lugar a algo menos clásico pero igual de delicioso.

RECETA PARA 4 RACIONES

100 g de panceta

1 cebolla amarilla

1 lata (800 ml) de alubias blancas

6 dientes de ajo

4 piezas de confit de pato preparado

450 g de salchicha de ajo francesa

4 lonchas de beicon

4 ramitas de perejil fresco de hoja plana (opcional)

5 cucharadas de aceite de oliva, repartidas

4 ramitas de tomillo fresco

1 l de caldo de pollo; puede ser el de la receta de la página 195 (*caldo de pollo al estilo tradicional*)

1. Reunir, preparar y medir/pesar los ingredientes. Cortar la panceta en dados. Cortar la cebolla en trocitos pequeños. Escurrir y enjuagar las alubias. Pelar y aplastar el ajo. Rasgar el pato confitado en trozos pequeños. Cortar la salchicha en rodajas de 1 cm. Cortar el beicon en lardones. Picar el perejil (si se usa). Precalentar el horno a 180 °C.

2. Calentar tres cucharadas de aceite de oliva en una cacerola grande a fuego medio. Incorporar la panceta y cocinar de cinco a siete minutos, hasta que salga la grasa. Añadir la cebolla, remover y rehogar hasta que se ablande (unos cinco minutos). Incorporar las alubias, el ajo, las ramitas de tomillo y, finalmente, el caldo de pollo. Llevar a ebullición, bajar el fuego a intensidad baja y cocer a fuego lento, sin tapar, durante quince minutos.

3. Untar con mantequilla una fuente de horno de unos 33 x 23 cm (2 l de capacidad). Poner en ella las alubias, el confit de pato, la salchicha, el beicon y cualquier líquido que haya quedado en la cacerola. Hornear, sin tapar, durante cuarenta y cinco minutos o hasta que la carne esté hecha. Sacar del horno y dejar reposar quince minutos.

4. Para servir, repartir en cuatro tazones individuales con una cuchara y decorar con perejil (si se usa).

PATO GUISADO AL TÉ CON HINOJO

Las notas herbáceas del té verde y el hinojo contrastan con la profundidad sustanciosa y carnosa del pato. Es importante extraer la grasa del pato antes de guisarlo para obtener una salsa clara y sabrosa.

RECETA PARA 4 RACIONES

4 muslos de pato grandes
1 cebolla amarilla pequeña
½ bulbo de hinojo
1 trozo de jengibre de 2,5 cm
4 bolsitas de té verde o 4 cucharaditas de cristales Ginger Green, de la marca Pique

⅓ de vaso + 1 cucharadita (85 ml) de vinagre de vino blanco
2 cucharaditas de las cinco especias chinas en polvo
Sal y pimienta

1. Reunir, preparar y medir los ingredientes. Sazonar el pato con sal y pimienta, generosamente. Cortar la cebolla y el hinojo en rodajas finas. Rallar el jengibre. Hervir dos vasos (500 ml) de agua y sumergir el té durante 10 minutos. Precalentar el horno a 150 °C.

2. Poner los muslos de pato en una bandeja para asar y cocinarlos a fuego medio hasta que la grasa comience a salir y chisporrotear (unos cinco minutos). Dar la vuelta a los muslos y cocinar cinco minutos más, hasta que queden dorados. Trasladarlos a un plato y reservarlos. Retirar todo menos una cucharada de la grasa.

3. Volver a poner la bandeja en el fuego, añadir el tercio de vaso (80 ml) de vinagre y raspar los pedazos marrones que haya pegados con una cuchara de madera. Cocinar el vinagre a fuego lento hasta que se reduzca a la mitad (unos cinco minutos). Añadir la cebolla, el hinojo y el jengibre y rehogar hasta que estén translúcidos (de cinco a siete minutos). Sazonar con las cinco especias chinas, sal y pimienta.

4. Volver a poner el pato en la bandeja para asar y añadir suficiente té verde para cubrir casi la mitad. Meter la bandeja en el horno y hornear a fuego lento, sin tapar, durante una hora y quince minutos, o hasta que esté muy tierno.

5. Trasladar los muslos de pato a un plato y cubrirlos sin apretar con papel de aluminio. Quitar el exceso de grasa del líquido del guiso. Volver a poner la bandeja en el fogón a fuego medio-bajo y cocinar a fuego lento hasta que el líquido del guiso se reduzca a la mitad y se espese (unos ocho minutos). Para acabar la salsa, añadirle una cucharadita de vinagre.

6. Para servir, dejar al descubierto los muslos de pato y ponerles la salsa por encima.

PAVO CON CURRI

El pavo y el curri no constituyen una mezcla de sabores obvia, ¡pero ofrecen una combinación celestial! En este pavo con curri, muy fácil de preparar, la carne cocida se junta con la coliflor y los tomates para dar lugar a una comida completa. Si lo prefieres, incrementa el condimento añadiendo más pasta de curri.

RECETA PARA 4 RACIONES

1 cebolla amarilla

1 diente de ajo

1 pimiento morrón rojo

½ cabeza de coliflor

450 g de pavo cocido

1 cucharada de aceite de coco

De 2 a 3 cucharadas de tu pasta de curri favorita

1 lata (425 ml) de tomates troceados

Sal y pimienta

1. Reunir, preparar y medir/pesar los ingredientes. Cortar la cebolla en dados. Cortar el ajo en trocitos. Quitar las semillas al pimiento morrón y cortarlo en trozos pequeños. Dividir la coliflor en pequeños cogollos. Cortar el pavo en cubos.

2. En una cacerola mediana con tapa, calentar el aceite de coco a fuego medio-alto. Añadir la cebolla, el ajo, el pimiento y la coliflor y rehogar unos cinco minutos, solo para suavizarlo todo y que quede ligeramente dorado. Incorporar el pavo y la pasta de curri, salpimentar, remover y dejar que los sabores se mezclen durante un minuto.

3. Incorporar los tomates con su jugo y un poco de agua, si es necesario, para cubrir el pavo y las verduras. Hacer que hierva con brío y cocer, con la cacerola parcialmente tapada, entre ocho y diez minutos, o hasta que la coliflor esté tierna y crujiente.

4. Servir en tazones.

CHILI DE PAVO

Si esto de «chili de pavo» te suena como una regresión a los días en que las carnes magras como el pavo sustituyeron la carne de cerdo y ternera, con más grasa, no temas. En realidad, este chili está *más sabroso* hecho con pavo picado que con otras carnes, lo que significa que no se sacrifica el sabor en aras de la salud. Los boniatos contienen mucho almidón, pero también muchas vitaminas y fibra.

RECETA PARA 4 RACIONES

2 boniatos (opcionales)
1 cebolla amarilla
2 dientes de ajo
1 lata o bote (400 ml) de alubias rojas o blancas
1 manojo de cilantro fresco
De 2 a 4 cucharadas de aceite de oliva
1 cucharadita de comino molido

1 cucharadita de pimentón ahumado
1 cucharadita de chile en polvo
450 g de pavo picado
1 lata (800 ml) de tomates enteros
½ vaso (125 ml) de nata agria entera
Gajos de lima, para servir

Sal y pimienta

1. Reunir, preparar y medir/pesar los ingredientes. Pelar y cortar los boniatos en cubos (si se usan). Cortar la cebolla en trozos pequeños. Picar el ajo. Enjuagar y escurrir las alubias. Cortar en trozos pequeños los tallos y las hojas de cilantro. Si se usan los boniatos, precalentar el horno a 220 °C y disponer una lámina de papel sulfurizado sobre una bandeja de horno.
2. En un bol, mezclar bien el boniato con dos cucharadas de aceite de oliva y sal y pimienta. Extender los cubos de boniato en una sola capa sobre la bandeja de horno preparada y asarlos entre veinte y veinticinco minutos, o hasta que estén tiernos al pincharlos con un tenedor. Sacarlos del horno y reservarlos.
3. En una cazuela de fondo grueso, a fuego medio, calentar las dos cucharadas restantes de aceite de oliva y añadir la cebolla, el ajo, el comino, el pimentón, el chile en polvo y sal y pimienta. Sofreír, removiendo a menudo, hasta que la cebolla esté suave pero no comience a dorarse (de ocho a diez minutos).
4. Incorporar el pavo picado, removiéndolo con una cuchara de madera para no acabar teniendo pequeñas albóndigas de pavo, y cocinar entre quince y veinte minutos, o hasta que el pavo esté casi marrón. Añadir las alubias y los tomates (con su jugo) y guisar a fuego lento durante quince minutos, rompiendo los tomates con una cuchara de madera. Añadir los cubos de boniato asados (si se usan) y guisar a fuego lento durante otros cinco minutos. Probar y ajustar la sazón con sal y pimienta.
5. Para servir, verter el chili en cuatro tazones individuales, decorar con una cucharada de nata agria y espolvorear el cilantro picado. Servir los gajos de lima aparte.

Bacalao con ensalada de col lombarda, mango y aguacate 129

Bacalao con tomates secos y costra de pacanas 130

Salmón al horno con especias al estilo cajún 131

Salmón en leche con *gremolata* 132

Salmón escalfado con mayonesa de lima y eneldo 133

Vieiras con jamón curado 134

Tortas de salmón con *beurre blanc* 136

Gambas al pimiento picante y al ajo con alubias *cannellini* 138

Vieiras doradas y ensalada de lentejas 140

Trucha sobre tabla de cedro con «alioli» de almendras 141

Ensalada de gambas y achicoria roja con vinagreta de cítricos 142

Atún con *zaatar* y salsa de *tahini* 144

Caldereta de pescado y marisco con mayonesa
de ajo al estilo provenzal 145

Pastel de pescado con puré de patata y coliflor 147

PESCADO Y MARISCO

BACALAO CON ENSALADA DE COL LOMBARDA, MANGO Y AGUACATE

La comida que tiene un aspecto tan sabroso despierta el apetito. La ensalada de col lombarda es un acompañamiento perfecto para el bacalao, que es carnoso pero suave; resulta irresistible con su dulce mango y su cremoso aguacate, todo ello bañado en un aderezo cítrico picante para despertar las papilas gustativas. Es mejor combinar estos ingredientes poco antes del momento de comer para que conserven sus sabores y texturas individuales. Para permitirte un verdadero capricho, prueba esta receta con halibut (o fletán).

RECETA PARA 4 RACIONES

1 mango grande

2 aguacates

½ col lombarda pequeña

6 ramitas de cilantro fresco

1 cebolleta

1 chile jalapeño

1 lima

5 cucharadas de aceite de oliva, repartidas

1 cucharada de mantequilla

4 filetes de bacalao (peso total: 900 g)

Comino molido

Sal y pimienta

1. Reunir, preparar y medir/pesar los ingredientes. Pelar y cortar en dados el mango y los aguacates. Usando un rallador de caja o un cuchillo (un procesador de alimentos tritura demasiado toscamente para este plato), cortar la col en tiras finas. Cortar los tallos y las hojas del cilantro en trozos pequeños. Cortar la parte verde y la blanca de la cebolleta en trocitos pequeños. Quitarle las semillas al jalapeño y picarlo. Rallar la corteza de la lima y exprimir el fruto. Precalentar el horno a 220 °C.

2. En una sartén grande que aguante bien en el horno, a fuego medio-alto, calentar tres cucharadas de aceite de oliva con la mantequilla. Sazonar el bacalao con sal y pimienta y ponerlo en la sartén, dejando espacio entre los filetes. Dorar durante tres minutos, darles la vuelta y trasladar la sartén al horno durante cinco minutos para que acaben de hacerse.

3. Mientras se cocina el bacalao, mezclar el mango, los aguacates, la col lombarda, el cilantro, la cebolleta, el jalapeño, la ralladura y el zumo de la lima, una pizca de comino y las dos cucharadas restantes de aceite de oliva. Condimentar con sal y pimienta.

4. Servir el bacalao caliente en platos individuales con la ensalada de col lombarda aparte.

BACALAO CON TOMATES SECOS Y COSTRA DE PACANAS

Una corteza picante y aromática permite sacar el máximo partido al bacalao, que es carnoso y sustancioso. Disfrutarás tanto este sustituto no rebozado del pescado frito que tal vez nunca volverás a comer el típico pescado frito con patatas fritas. Esta receta requiere pacanas (también conocidas como nueces pecanas), que son dulces y nutritivas, pero puedes sustituirlas por anacardos o nueces si lo deseas.

RECETA PARA 4 RACIONES

55 g de queso parmesano
2 dientes de ajo
10 ramitas de albahaca fresca
1 limón
4 filetes de bacalao con la piel
(peso total: 900 g)

2 cucharadas de aceite de oliva, repartidas
10 anchoas en aceite
½ vaso (125 ml) de tomates secos en aceite
95 g de pacanas trituradas
1 pimiento rojo picante

Sal y pimienta

1. Reunir, preparar y medir/pesar los ingredientes. Cortar el parmesano en trozos grandes no uniformes. Cortar el ajo en trocitos no uniformes. Separar las hojas de albahaca de los tallos y desechar estos. Rallar la corteza del limón y exprimir el fruto. Precalentar el horno a 260 °C.

2. En una fuente de horno lo bastante grande como para que los filetes de bacalao puedan estar dispuestos en una sola capa sin montar unos encima de los otros, colocarlos con la piel hacia abajo, aliñarlos con una de las dos cucharadas de aceite de oliva y sazonarlos con sal y pimienta. Asar hasta que el pescado comience a desmenuzarse (entre cinco y siete minutos, según el grosor de los filetes).

3. Mientras tanto, poner el parmesano, el ajo, la albahaca, la ralladura de limón, las anchoas, los tomates secos, las pacanas y el pimiento rojo en el procesador de alimentos. Pulsar varias veces para mezclar los ingredientes de manera uniforme. Añadir una cucharada del zumo de limón y la otra cucharada de aceite de oliva. Condimentar con sal y pimienta. Convertir en una pasta en el procesador de alimentos.

4. Sacar el bacalao del horno. Poner una capa gruesa y uniforme de la mezcla de recubrimiento en cada filete. Es posible que haya que presionar ligeramente para que la mezcla permanezca unida; no te preocupes si caen algunas migajas. Vuelve a meter el bacalao en el horno y ásalo entre cinco y siete minutos más, o hasta que el recubrimiento esté crujiente y marrón oscuro en algunas partes.

5. Para servir, poner el bacalao en platos individuales.

SALMÓN AL HORNO CON ESPECIAS AL ESTILO CAJÚN

El salmón es una excelente opción alimenticia por su alto contenido en grasas (saludables), su magnífico color y su adaptabilidad. Solo tienes que prestar atención a no cocinarlo demasiado. El salmón tiene un dulzor natural que combina deliciosamente con una mezcla picante al estilo cajún. Sirve este plato con una buena cantidad de verduras salteadas y un poco de quinoa.

RECETA PARA 4 RACIONES

2 cucharadas de mantequilla

2 cucharadas de pimentón ahumado

1 cucharada de pimienta de Cayena

1 cucharada de cebolla en polvo

1 cucharadita de hojas de tomillo secas

1 cucharadita de orégano seco

1 cucharadita de albahaca seca

4 filetes de salmón (peso total: 700 g)

Sal y pimienta

1. Reunir, preparar y medir/pesar los ingredientes. Derretir la mantequilla y dejar que se enfríe un poco. Precalentar el horno a 230 °C. Usar un poco de la mantequilla derretida para untar ligeramente, con la ayuda de un cepillo, una fuente de horno lo bastante grande como para contener los filetes de salmón dispuestos en una sola capa.

2. En un cuenco pequeño, mezclar el pimentón, la pimienta de Cayena, la cebolla en polvo, el tomillo, el orégano y la albahaca.

3. Colocar los filetes de salmón en la fuente de horno, untarles la mantequilla derretida restante y sazonarlos con sal y pimienta. Espolvorear la mezcla de condimentos de manera uniforme sobre los filetes. Asar en el horno entre diez y doce minutos, o hasta que la cobertura adquiera un color marrón claro y la parte central de los filetes siga teniendo un color rosa oscuro.

4. Para servir, poner el salmón en platos individuales.

SALMÓN EN LECHE CON *GREMOLATA*

Sumergir parcialmente en leche muy caliente es un procedimiento inusual, pero quizá quieras probarlo también con otros tipos de pescado o incluso pechugas de pollo. A veces, la leche también se usa para estofar la paleta de cerdo. La lactosa de la leche ayuda a ablandar el pescado o la carne, lo que da como resultado una textura suave y aterciopelada y un suave sabor a fruto seco.

RECETA PARA 4 RACIONES

4 filetes de salmón fresco (peso total: 900 g)
1 diente de ajo
1 limón
½ manojo de perejil de hoja plana
Entre 2 y 3 vasos (de 500 a 750 ml) de leche semidesnatada
1 hoja de laurel
1 cucharada de aceite de oliva
Sal y pimienta

1. Reunir, preparar y medir/pesar los ingredientes. Con un cuchillo afilado, cortar cada filete de salmón en cuatro y sazonar con sal y pimienta. Rallar el ajo. Rallar la cáscara del limón. Cortar el perejil en trocitos pequeños.

2. Verter la leche en una sartén grande, de tal manera que cubra el fondo 2,5 cm aproximadamente (es posible que se necesite más leche de la indicada en la lista de ingredientes). Añadir la hoja de laurel y calentar a fuego medio hasta que la leche esté humeante pero no hirviendo mucho (no más que cuando está hirviendo a fuego lento). Colocar el salmón en la sartén. La leche debe llegar al menos hasta la mitad de los filetes (calentar más leche y añadirla a la sartén si es necesario). Bajar un poco el fuego para cocinar suavemente durante quince minutos.

3. Mientras se cocina el salmón, mezclar el ajo, la ralladura de limón, el perejil y el aceite de oliva en un cuenco pequeño para hacer la *gremolata*. Reservar.

4. Para servir, poner los filetes en platos individuales y la *gremolata* por encima con una cuchara.

SALMÓN ESCALFADO CON MAYONESA DE LIMA Y ENELDO

Aquí hay otro enfoque para cocinar el salmón sumergido o parcialmente sumergido en un medio inusual; esta vez, en una «salsa» de vino blanco. Añadir hierbas frescas y mostaza a la mayonesa es un buen truco culinario: sabe como si te hubieses esforzado mucho cuando realmente no lo hiciste. El eneldo y el salmón son un maridaje clásico, pero puedes sustituir el eneldo por cualquier otra hierba fresca; la albahaca es una opción especialmente adecuada.

RECETA PARA 4 RACIONES

1 lima
1 pequeño manojo de cebollinos
2 ramitas de eneldo fresco
1 cebolla escalonia (chalota)
½ vaso (125 ml) de vino blanco

1 hoja de laurel
4 filetes de salmón (peso total: 700 g)
½ vaso (125 ml) de mayonesa
1 cucharada de mostaza de Dijon
Sal y pimienta

1. Reunir, preparar y medir/pesar los ingredientes. Rallar la corteza de la lima y exprimir el fruto. Picar los cebollinos, el eneldo y la cebolla escalonia.
2. En una sartén ancha de lados altos, mezclar tres vasos (750 ml) de agua y el vino blanco, y añadir la escalonia, la hoja de laurel y una cucharadita de sal. Llevar a ebullición a fuego alto. Dejar que el líquido se reduzca ligeramente durante cinco minutos y retirar del fuego.
3. Con cuidado, poner los filetes de salmón en el líquido de la sartén, tapar esta y dejar que se cocinen en el líquido mientras se enfría. Comprobar cómo está el salmón al cabo de quince minutos; la parte central de los filetes debe tener un color rosa oscuro. Si no están bien cocinados, dejarlos en el líquido cinco minutos más.
4. Trasladar el salmón cocinado a una fuente para que repose cinco minutos. Secarlo con papel de cocina. (Si no se va a servir de inmediato, tapar el plato y ponerlo en la nevera, no más de tres días).
5. Mientras el salmón reposa, en un cuenco pequeño mezclar la mayonesa con una cucharadita de la ralladura de lima, una cucharada del zumo de lima, el cebollino, el eneldo y la mostaza. Condimentar con sal y pimienta.
6. Servir el salmón a temperatura ambiente. Disponer cuatro platos individuales y colocar un filete en cada uno de ellos. Poner una cucharada generosa de la mayonesa de lima y eneldo encima de cada filete.

VIEIRAS CON JAMÓN CURADO

Esta receta es una buena opción para cenas especiales o para cuando tienes invitados. Con sabor a ajo, salado y un poco picante, no es difícil preparar este plato ni se requiere mucho tiempo, y en cambio está garantizado que obtendrá grandes elogios. Los *grelos con ajo y pimiento picante* (página 104) constituyen un acompañamiento perfecto para este plato.

RECETA PARA 4 RACIONES

900 g de tomates uva

1 diente de ajo

2 pimientos rojos picantes secos

6 anchoas

1 lata o bote (540 ml) de alubias *cannellini*

1 limón

4 cucharadas de aceite de oliva, repartidas

8 lonchas de jamón curado

16 vieiras

Sal y pimienta

1. Reunir, preparar y medir/pesar los ingredientes. Partir los tomates por la mitad. Picar el ajo. Desmenuzar los pimientos picantes secos. Machacar las anchoas con un tenedor. Enjuagar y escurrir las alubias. Exprimir el limón. Precalentar el horno a 245 °C.

2. Repartir los tomates en una bandeja de horno, sazonar con una cucharada de aceite de oliva, sal y pimienta y asar diez minutos. Agrupar los tomates a un lado de la bandeja y disponer las lonchas de jamón en una sola capa en el otro. Asar otros diez minutos para que el jamón quede crujiente. Sacar del horno y reservar.

3. En una sartén a fuego medio-alto, calentar una cucharada de aceite de oliva. Poner el ajo, los pimientos picantes y las anchoas machacadas. Rehogar un minuto y después incorporar las alubias y ½ vaso (125 ml) de agua. Chafar las alubias ligeramente mientras se calientan. Retirar del fuego, aderezar con un chorrito de aceite de oliva y sazonar con sal y pimienta. Reservar.

4. En otra sartén, calentar una cucharada de aceite de oliva. Sazonar las vieiras con sal y pimienta, ponerlas en la sartén y cocinarlas dos minutos, sin tocarlas, hasta que estén bien doradas. Darles la vuelta y cocinarlas otros 2 minutos.

5. Para servir, disponer cuatro platos individuales y poner en cada uno de ellos dos lonchas de jamón y la parte proporcional de tomates y alubias; y, encima, cuatro vieiras en cada plato. Aliñar con el zumo del limón y un poco más de aceite de oliva y sazonar con sal y pimienta.

TORTAS DE SALMÓN CON *BEURRE BLANC*

La revelación en esta receta es el *beurre blanc*, que convierte las humildes tortas de pescado en un manjar celestial. El *beurre blanc* se parece a la salsa holandesa, pero al no contener huevos no se espesa tanto. Aprende a preparar esta salsa elegante y adaptable, y nunca más tendrás una cena aburrida.

RECETA PARA 4 RACIONES

TORTAS DE SALMÓN

1 pimiento morrón rojo

2 cebolletas

½ manojo de perejil de hoja plana

2 huevos

2 latas (210 g x 2) de salmón rosado o rojo

1 vaso (250 ml) de harina de almendra

2 cucharaditas de mostaza de Dijon

1 cucharada de mantequilla derretida

Aceite de semilla de uva, para freír

Sal y pimienta

BEURRE BLANC

1 cebolla escalonia (chalota)

½ vaso (125 ml) de mantequilla

2 cucharadas de vino blanco seco

2 cucharadas de vinagre de vino blanco

2 cucharadas de nata con un 18 % de contenido en materia grasa

Pimienta blanca finamente molida

Sal

1. Reunir, preparar y medir/pesar los ingredientes. Cortar el pimiento por la mitad a lo largo y desechar el tallo y las semillas. Cortar las cebolletas y el perejil en trozos no muy pequeños. Batir los huevos en un cuenco pequeño hasta conseguir una textura homogénea. Escurrir el salmón enlatado. Precalentar el horno a 200 °C.

2. Colocar el pimiento con la piel hacia arriba en una bandeja de horno y asar treinta minutos, o hasta que la piel comience a ablandarse y adquirir un ligero tono negruzco. Sacarlo del horno, dejarlo enfriar un poco y después cortar en dados la mitad. Reservar la otra mitad para otro uso.

3. En un bol, mezclar el pimiento cortado en dados, la cebolleta, el perejil, los huevos, la harina de almendra, la mostaza y la mantequilla derretida. Incorporar el salmón con un tenedor, suave pero completamente. Formar cuatro tortas con la mezcla, ponerlas en un plato y meterlas en la nevera, sin taparlas, mientras se prepara el *beurre blanc*.

4. Para preparar el *beurre blanc*, cortar la escalonia en trocitos pequeños. Cortar en cubos el medio vaso de mantequilla. Mezclar la escalonia, el vino y el vinagre en un cazo y llevar a ebullición a fuego medio-alto. Bajar el fuego a intensidad media y cocinar hasta que apenas quede líquido (de cinco a siete minutos). Añadir la nata y una pizca de pimienta blanca y cocinar durante un minuto. Incorporar la mantequilla poniendo uno o dos cubos cada vez, removiendo continuamente y esperando hasta que la mantequilla esté casi derretida antes de añadir más. Cuando se haya puesto toda la mantequilla y la mezcla esté completamente licuada, retirar el cazo del fuego. Sazonar esta salsa con sal y después hacerla pasar por un colador de malla fina de tal manera que caiga dentro de un cuenco pequeño. Desechar los residuos sólidos.

5. En cuanto a las tortas de salmón, calentar el aceite de semilla de uva en una sartén grande y pesada a fuego medio-alto. Cocinarlas cuatro minutos, darles la vuelta y cocinarlas tres minutos más.

6. Para servir, disponer cuatro platos individuales, poner una torta de salmón en cada uno de ellos y aliñar con el *beurre blanc*.

GAMBAS AL PIMIENTO PICANTE Y AL AJO CON ALUBIAS *CANNELLINI*

Este plato inusual y saciante con texturas contrastadas y sabores profundos requiere el mejor aceite de oliva que puedas permitirte. Cuanto mejores sean los ingredientes empleados, más van a brillar. Este plato está igualmente delicioso servido caliente o a temperatura ambiente, como si fuese una tapa. Puedes prepararlo perfectamente con antelación y relajarte hasta la hora de la cena.

RECETA PARA 4 RACIONES

3 dientes de ajo

2 pimientos picantes rojos frescos

1 lata (540 ml) de alubias *cannellini*

2 cucharadas de perejil de hoja plana

5 cucharadas de aceite de oliva, repartidas

1 vaso y medio (375 ml) de tomates troceados, escurridos

1 cucharada de pasta de tomate

1 vaso (250 ml) de caldo de pollo; puede ser el de la receta de la página 195 (*caldo de pollo al estilo tradicional*)

1 cucharadita de pimentón ahumado

450 g de gambas medianas

Sal y pimienta

1. Reunir, preparar y medir/pesar los ingredientes. Picar el ajo. Cortar y desechar la parte no comestible de los pimientos picantes y quitarles las semillas. Enjuagar las alubias *cannellini*. Cortar el perejil en trocitos no uniformes.

2. Calentar tres cucharadas de aceite de oliva a fuego medio en una sartén grande de fondo grueso hasta que el aceite desprenda olor pero no humo. Incorporar dos tercios del ajo y los dos pimientos. Remover con una cuchara de madera durante un minuto, teniendo cuidado de que el ajo no se queme. El aroma debe ser celestial.

3. Añadir los tomates escurridos y sazonar con sal y pimienta. Cocinar, removiendo, unos cinco minutos, o hasta que los tomates estén totalmente blandos.

4. Añadir la pasta de tomate y cocinar, removiendo, hasta que se haya caramelizado (unos tres minutos). Incorporar las alubias y el caldo. Llevar a una ebullición ligera (deben crearse muchas burbujas pequeñas) y cocer unos cuatro minutos, hasta que el líquido se haya reducido y espesado un poco. Condimentar con sal y pimienta.

5. Espolvorear el pimentón sobre las gambas e incorporar las gambas y el ajo restante a la mezcla de alubias. Guisar unos tres minutos, hasta que las gambas estén opacas y curvadas en forma de C. Aliñar las gambas y las alubias con las dos cucharadas restantes de aceite de oliva. Probar y ajustar la sazón.

6. Para servir, repartir el contenido entre cuatro tazones individuales y adornar con perejil.

VIEIRAS DORADAS Y ENSALADA DE LENTEJAS

Las lentejas son a menudo un alimento reconfortante, pero aquí adquieren mayor categoría al estar sazonadas con sésamo y jengibre, alojadas en una cama de verduras y coronadas por unas vieiras grandes y jugosas. No caigas en la tentación de usar lentejas rojas; se cuecen con demasiada rapidez y se volverían pastosas.

RECETA PARA 4 RACIONES

ENSALADA
225 g de lentejas secas, verdes o negras
4 dientes de ajo
1 hoja de laurel
5 cucharadas de aceite de oliva, repartidas
3 cucharadas de semillas de sésamo
450 g de vieiras
225 g de hortalizas de hoja variadas (las típicas de la ensalada *mesclun*)

30 g de rúcula
Sal y pimienta

ALIÑO DE SÉSAMO Y JENGIBRE
1 trozo de jengibre de 2,5 cm
1 limón
De 3 a 4 cucharadas de aceite de oliva
1 cucharada de aceite de sésamo tostado

1. Reunir, preparar y medir/pesar los ingredientes. Enjuagar y escurrir las lentejas. Pelar y aplastar el ajo.
2. Llevar a ebullición, a fuego alto, una cacerola grande con agua sin sal. Bajar el fuego a medio-bajo, poner las lentejas y la hoja de laurel, y cocer a fuego lento entre quince y veinte minutos, o hasta que las lentejas estén tiernas. Escurrirlas y ponerlas en un bol de servir.
3. Para preparar el aliño, rallar el jengibre y exprimir el limón. Mezclar el jengibre, dos cucharadas de zumo de limón, tres cucharadas de aceite de oliva y el aceite de sésamo. Condimentar con sal y pimienta. Añadir más aceite de oliva, una cucharada cada vez, para obtener una consistencia más espesa. Poner la mitad del aliño en las lentejas y remover suavemente. Reservar.
4. En una sartén pequeña, a fuego medio-bajo, calentar dos cucharadas de aceite de oliva. Poner el ajo y remover durante un minuto aproximadamente. Retirar el ajo e incorporar las semillas de sésamo; remover constantemente durante un minuto aproximadamente, o hasta que estén doradas. Vigilar que no se quemen. Retirar del fuego y reservar.
5. Calentar las tres cucharadas de aceite de oliva restantes en una sartén grande a fuego medio-alto. Sazonar las vieiras con sal y pimienta, y dorarlas dos minutos por ambos lados. Tener cuidado de no cocinarlas demasiado o se volverán correosas.
6. Para servir, disponer las hortalizas de hoja variadas y la rúcula en una fuente. Poner las lentejas sobre la parte superior y después las vieiras sobre las lentejas. Aliñar con el aderezo restante y repartir por encima las semillas de sésamo tostadas.

TRUCHA SOBRE TABLA DE CEDRO CON «ALIOLI» DE ALMENDRAS

Para tener un recuerdo del verano, prueba esta técnica culinaria. Funciona maravillosamente bien en una barbacoa, pero si no puedes acceder a una, o si la situación meteorológica no te lo permite, esta técnica también se puede hacer en el horno. El asado en tablas de cedro se puede efectuar con cualquier pescado. El bacalao o el halibut son buenos sustitutos de la trucha en este caso.

RECETA PARA 4 RACIONES

½ manojo de perejil de hoja plana

½ vaso (125 ml) de almendras escaldadas

1 diente de ajo

¼ de vaso (60 ml) de aceite de oliva

2 cucharadas de zumo de limón

4 filetes de trucha (peso total: 680 g)

½ cucharadita de pimienta de Cayena

Sal y pimienta

1. Poner en remojo una o dos tablas de cedro (conviene contar con la suficiente superficie para acomodar todos los filetes de trucha sin que se amontonen) en agua durante un mínimo de veinticuatro horas.

2. Reunir, preparar y medir/pesar los ingredientes. Cortar el perejil en trocitos pequeños. Precalentar el horno a 200 °C.

3. Poner las almendras y el ajo en el procesador de alimentos y pulsar hasta que queden finamente molidos. Con el motor en marcha, verter el aceite, el zumo de limón y ⅓ de vaso de agua aproximadamente (80 ml) y mezclar hasta obtener una textura de mayonesa. Condimentar con sal y pimienta. Poner este «alioli» en un cuenco y guardar en la nevera, tapado, hasta que esté listo para servir.

4. Sazonar la trucha con la pimienta de Cayena y sal y pimienta. Quitar las tablas de cedro del agua y poner encima los filetes de trucha, con el lado que tiene la piel en contacto con la madera. Poner las tablas directamente sobre las parrillas del horno y asar hasta que el pescado comience a desmenuzarse (unos diez minutos, dependiendo del grosor de los filetes).

5. Para servir, sacar la trucha del horno, ponerla en platos individuales y adornar con el «alioli» y el perejil espolvoreado.

ENSALADA DE GAMBAS Y ACHICORIA ROJA CON VINAGRETA DE CÍTRICOS

Las gambas de color rosa brillante, la achicoria roja de color púrpura intenso y las «motas» de perejil verde hacen que este sea uno de los platos más bonitos del libro. ¡Además, sabe muy bien! Si tienes una parrilla, o al menos una sartén *grill*, prueba a asar la achicoria en este utensilio en lugar de asarla al horno. La ligera carbonización de la parrilla les da a las hojas amargas una deliciosa capa de complejidad.

RECETA PARA 4 RACIONES

ENSALADA
2 cogollos de achicoria roja (*radicchio*)
450 g de gambas medianas
450 g de tomates uva
2 ramitas de perejil de hoja plana
3 cucharadas de aceite de oliva, repartidas
1 cucharada de vinagre de vino tinto
Sal y pimienta

VINAGRETA DE CÍTRICOS
1 limón
6 cucharadas de aceite de oliva
2 cucharaditas de mostaza de Dijon
Sal y pimienta

1. Reunir, preparar y medir/pesar los ingredientes. Cortar la achicoria roja en trozos grandes. Pelar y desvenar las gambas. Cortar los tomates por la mitad. Picar las hojas de perejil. Precalentar el horno a 220 °C.

2. Para preparar la ensalada, mezclar la achicoria roja, en un bol, con dos cucharadas de aceite de oliva y el vinagre. Condimentar con sal y pimienta. Extender la achicoria roja en una sola capa sobre una bandeja de horno y asarla entre diez y doce minutos, hasta que la zona de los bordes esté crujiente y dorada.

3. Mientras la achicoria se asa, mezclar las gambas con la cucharada restante de aceite de oliva. Condimentarlas con sal y pimienta. Ponerlas en una bandeja de horno, añadirlas al horno con la achicoria y asarlas de tres a cinco minutos, o hasta que adopten la forma de una C. Sacar las gambas y la achicoria del horno y reservar todo ello.

4. Para preparar la vinagreta, rallar la corteza del limón y exprimir el fruto. En un cuenco pequeño, mezclar una cucharada de la ralladura de limón, dos cucharadas del zumo de limón, el aceite de oliva y la mostaza. Condimentar con sal y pimienta.

5. Para terminar la ensalada, poner mezclados la achicoria roja, las gambas y los tomates en un bol grande. Añadir la vinagreta y remover suavemente para mezclar. Esparcir el perejil por encima.

6. Para servir, repartir entre cuatro tazones individuales.

ATÚN CON *ZAATAR* Y SALSA DE *TAHINI*

El *zaatar* es una mezcla de especias que se originó en Oriente Medio y que actualmente es tan popular que se puede encontrar en muchas tiendas de comestibles convencionales. Pero ¿por qué no elaborar el tuyo? Es otra receta básica para añadir a tu repertorio culinario: una mezcla polivalente que se puede utilizar con los frutos secos, las verduras salteadas o cualquier elaboración en la que se usarían hierbas secas.

RECETA PARA 4 RACIONES

ZAATAR

2 cucharadas de semillas de sésamo negras o blancas

1 cucharada de hojas de tomillo secas

1 cucharada de comino molido

1 cucharada de cilantro molido

1 cucharada de zumaque en polvo

½ cucharadita de sal

¼ de cucharadita de pimienta *aleppo* en escamas

ATÚN

4 filetes de atún (peso total: 700 g)

3 cucharadas de aceite de oliva, repartidas

6 cucharadas de *zaatar*, y más para servir

1 vaso (250 ml) de *salsa de tahini* (página 107)

Sal y pimienta

1. Reunir y medir/pesar los ingredientes.
2. Para preparar el *zaatar*, poner las semillas de sésamo en una sartén pequeña y tostarlas ligeramente a fuego medio treinta segundos, o hasta que liberen su aroma. Mover la sartén para que no se quemen. Dejarlas enfriar en la sartén.
3. Poner las semillas de sésamo, el tomillo, el comino, el cilantro, el zumaque, la sal y la pimienta en escamas en un molinillo de especias o de café (si se opta por este último, hay que asegurarse de que esté limpio). Moler hasta obtener un polvo fino.
4. Para preparar el atún, untar los filetes con una cucharada de aceite de oliva. Sazonar generosamente con seis cucharadas de *zaatar* y sal y pimienta. Calentar las dos cucharadas restantes de aceite de oliva en una sartén pesada a fuego medio-alto hasta que se formen ondas pero no llegue a echar humo. Dorar el atún dos minutos por los dos lados. Retirar del fuego y dejar reposar cinco minutos.
5. Para servir, colocar un filete de atún tibio en cada plato y aliñar con la salsa de *tahini* y una pizca adicional de *zaatar*.

CALDERETA DE PESCADO Y MARISCO CON MAYONESA DE AJO AL ESTILO PROVENZAL

La mayoría de las tradiciones culinarias tienen su propia variación de la cazuela de pescado y marisco. La bullabesa francesa, la zarzuela española, el *cioppino* italoestadounidense de San Francisco y el *peppercot* caribeño son algunos ejemplos. Aquí, las hierbas secas de Provenza proporcionan un atisbo del sur de Francia.

RECETA PARA 6 RACIONES

1 cebolla amarilla

1 bulbo de hinojo

De 4 a 6 dientes de ajo

1 limón

½ vaso (125 ml) de aceite de oliva

2 cucharaditas de hierbas de Provenza (hojas secas de tomillo, albahaca, romero, estragón, orégano, lavanda e hinojo)

1 cucharadita de pimientos rojos picantes en escamas (hojuelas de chile)

½ vaso (125 ml) de vino blanco

2 cucharadas de pasta de tomate

4 vasos (1 l) de *caldo de pescado* (página 196) o jugo de almejas

2 vasos (500 ml) de tomates ciruela en lata

900 g de filetes de pescado no oleosos (halibut, perca, eglefino, bacalao)

450 g de marisco

6 cucharadas de mayonesa

Azafrán (opcional)

1 cucharadita de salsa picante

Sal y pimienta

1. Reunir, preparar y medir/pesar los ingredientes. Cortar la cebolla en trozos pequeños. Cortar y descartar los tallos y las hojas del hinojo y cortar el bulbo en trozos pequeños no uniformes. Picar el ajo (se necesitan unas cuatro cucharadas). Rallar la corteza del limón y exprimir el fruto.

2. Calentar el aceite de oliva en una olla pesada a fuego medio-alto. Rehogar la cebolla, el hinojo y tres cucharadas del ajo picado con las hierbas de Provenza y los pimientos picantes en escamas entre doce y quince minutos, o hasta que se ablanden totalmente. Condimentar con sal y pimienta.

3. Añadir el vino y la pasta de tomate. Cocinar hasta que el vino se haya evaporado (unos diez minutos). Añadir el caldo de pescado (o el jugo de almejas) y llevar a ebullición. Bajar

el fuego a intensidad baja y cocer a fuego lento, sin tapar, durante treinta minutos. Colar el caldo a través de un colador de malla fina de tal manera que caiga en un bol. Desechar los residuos sólidos.

4. Devolver el caldo a la olla y poner el fuego a intensidad media-baja. Añadir el pescado y el marisco y cocer unos cinco minutos, o hasta que estén opacos o se hayan abierto las conchas (desechar cualquier molusco cuya concha no se haya abierto). Retirar del fuego y reservar.

5. En un cuenco pequeño, mezclar la mayonesa con una pizca de azafrán (si se usa), una cucharada de agua tibia, una cucharada del ajo, una cucharada del zumo de limón, una cucharadita de la ralladura de limón y la salsa picante. Condimentar con sal y pimienta.

6. Para servir, repartir el guiso de pescado entre seis tazones individuales y adornar con una cucharada de mayonesa de ajo. Servir el resto de la mayonesa de ajo en un tazón pequeño.

PASTEL DE PESCADO CON PURÉ DE PATATA Y COLIFLOR

Para reducir el contenido de almidón de este plato tradicional, usa una combinación de patatas y coliflor para preparar una guarnición de puré más nutritiva y sabrosa, y dotada de fibra. También puedes hacer esta guarnición con coliflor solamente.

RECETA PARA 4 RACIONES

2 patatas harinosas (variedad *russet*)

½ cabeza de coliflor pequeña

4 manojos de hojas de espinaca

1 cebolla amarilla

2 zanahorias

100 g de queso *cheddar*

1 limón

1 manojo de perejil de hoja plana

3 cucharadas de aceite de oliva, repartidas

1 cucharadita de nuez moscada molida

1 vaso (250 ml) de nata espesa

1 cucharadita de mostaza en polvo

4 filetes de bacalao (peso total: 450 g)

Sal y pimienta

1. Reunir, preparar y medir/pesar los ingredientes. Pelar y cortar las patatas en cubos. Separar la coliflor en cogollos. Cortar las espinacas en trozos pequeños. Cortar la cebolla en dados. Pelar las zanahorias y cortarlas en dados. Rallar el *cheddar*. Exprimir el limón. Cortar en trozos pequeños el perejil. Precalentar el horno a 230 °C.

2. Llevar a ebullición una cacerola grande de agua con sal y cocer las patatas diez minutos, o hasta que estén tiernas. Añadir la coliflor y cocer otros cinco minutos. Retirar las verduras con una espumadera y reservar el agua. Extender las verduras para que se sequen. Cuando dejen de humear, añadirles una cucharada de aceite de oliva y machacarlas. Sazonar con nuez moscada, sal y pimienta. Reservar.

3. Poner las espinacas en un colador y verter sobre ellas el agua reservada de la cocción anterior, que estará entre tibia y caliente. Cuando las espinacas estén lo bastante frías como para manejarlas, exprimir el exceso de agua. Reservar.

4. En una sartén a fuego medio-bajo, calentar una cucharada de aceite. Añadir la cebolla y la zanahoria y rehogar cinco minutos, o hasta que la cebolla esté translúcida y la zanahoria tierna. Añadir la nata y hervir treinta segundos. Retirar del fuego y añadir el *cheddar*, una cucharada del zumo de limón, el perejil y la mostaza en polvo.

5. En una fuente de horno de unos 33 x 23 cm (2 l de capacidad), combinar las espinacas y el pescado. Verter la salsa de queso y verduras sobre el pescado y poner encima el puré de patatas y coliflor. Untar con aceite de oliva y hornear de veinte a veinticinco minutos, o hasta que la cobertura esté bien dorada. Sacar del horno y dejar reposar diez minutos. Para servir, repartir el pastel de pescado en cuatro platos.

Costillas cortas de ternera con anís estrellado
y pimienta de Sichuan 152

Pastel de carne de ternera y puré de patata
(*cottage pie*) con puré de queso 154

Bistec de falda marinado en vino tinto y mostaza de Dijon 155

Delicioso pastel de carne con gruyer 156

Cordero al curri con arroz de coliflor 158

Pastel de carne de cordero con puré de boniato 160

Kleftiko (estofado griego con cordero) 162

Filetes de cerdo dorados con salvia y manzanas 164

Panceta de cerdo con anís estrellado 166

Lomo de cerdo asado rebozado con aliño de té 167

Carne de cerdo asada lentamente con
mostaza de Dijon y chipotle 169

Solomillo de cerdo con las cinco especias chinas
y salsa de ajo y jengibre 170

CARNES: VACUNO, CORDERO Y CERDO

COSTILLAS CORTAS DE TERNERA CON ANÍS ESTRELLADO Y PIMIENTA DE SICHUAN

Saca tus ollas de cocción lenta y a presión para esta receta. Sea cual sea el método de cocción que utilices, dora las costillas para obtener un sabor más profundo y después guísalas a fuego lento para lograr un estofado de costillas de ternera tiernas y perfumadas con pimienta de Sichuan, anís estrellado y cardamomo.

RECETA PARA 6-8 RACIONES

2 cebollas amarillas
1 trozo de jengibre de 7,5 cm
225 g de setas *shiitake*
2 dientes de ajo
3 cucharadas de aceite de oliva
1,5 kg de costillas cortas de ternera
2 piezas de anís estrellado entero

2 cucharaditas de pimienta de Sichuan molida
1 cucharadita de cardamomo molido
1 cucharada de *tamari*
2 vasos (500 ml) de caldo de vacuno (puede ser el *caldo de huesos de ternera* de la página 194)
Sal y pimienta

1. Reunir, preparar y medir/pesar los ingredientes. Cortar las cebollas en trozos pequeños. Rallar el jengibre. Cortar las setas y el ajo en rodajas. Precalentar el horno a 135 °C.

2. Calentar el aceite de oliva a fuego medio-alto en un horno holandés de hierro fundido o de hierro fundido esmaltado o en algún otro tipo de cazuela con tapa que pueda meterse en el horno. Sazonar las costillas con sal y pimienta y sofreírlas por todos los lados hasta que estén bien doradas, de quince a veinte minutos en total. Retirarlas de la cazuela y reservarlas, dejando en la cazuela el aceite sobrante.

3. Poner las cebollas, el jengibre, las setas y el ajo en el aceite caliente que hay en la cazuela y rehogar entre cinco y siete minutos, o hasta que las cebollas estén translúcidas. Añadir el anís estrellado, la pimienta de Sichuan y el cardamomo. Cocinar treinta segundos, removiendo constantemente. Volver a poner las costillas en la cazuela. Añadir el *tamari* y a continuación suficiente caldo de vacuno para que cubra las costillas pero no completamente, solo parte de los lados (tal vez no sean necesarios los 500 ml indicados). Tapar la cazuela y estofar en el horno durante tres horas y media o cuatro, hasta que la carne se separe del hueso.

4. Poner las costillas en un bol, sacar y desechar los huesos y separar la carne usando dos tenedores. Quitar y desechar la grasa de la superficie del líquido del estofado. Hacer que el líquido hierva a fuego alto entre ocho y diez minutos, o hasta que se espese y tenga un sabor intenso. Retirar el anís estrellado de la salsa.

5. Servir las costillas con un poco de su deliciosa salsa encima y más salsa aparte.

PASTEL DE CARNE DE TERNERA Y PURÉ DE PATATA (*COTTAGE PIE*) CON PURÉ DE QUESO

Las patatas son ricas en almidón, pero ayudan a que no se disgregue la cobertura en esta receta tradicional. Puedes reemplazarlas por coliflor si sigues una dieta estricta baja en carbohidratos.

RECETA PARA 4 RACIONES

680 g de chirivías o apios	2 cucharadas de aceite de oliva
225 g de patatas harinosas (variedad *russet*)	450 g de carne de ternera picada
	250 ml de caldo de vacuno
1 cebolla amarilla grande	2 cucharadas de salsa inglesa (o Worcestershire)
1 zanahoria grande	1 cucharada de puré de tomate
2 ramitas de tomillo fresco	¼ de vaso (60 ml) de nata espesa o leche entera
80 g de queso *cheddar* o gruyer	1 cucharada de mantequilla a temperatura ambiente
	Sal y pimienta

1. Reunir, preparar y medir/pesar los ingredientes. Pelar y cortar en trozos pequeños no uniformes las chirivías (o el apio) y las patatas. Cortar la cebolla y la zanahoria en dados. Separar las hojas de tomillo de los tallos y desechar estos. Rallar el queso. Untar ligeramente una cacerola de 2 l de capacidad con un poco de mantequilla o aceite de oliva.

2. Llevar a ebullición una olla mediana de agua con sal a fuego medio-alto, añadir las chirivías (o el apio) y las patatas y cocer quince minutos o hasta que las verduras estén tiernas al pincharlas con un tenedor. Escurrir y dejar secar en un colador durante diez minutos.

3. Calentar el aceite de oliva en una sartén y poner la carne picada. Cocinarla de cinco a siete minutos, hasta que quede totalmente dorada. Condimentar con sal y pimienta. Añadir la cebolla, la zanahoria y unas dos cucharaditas de hojas de tomillo. Rehogar, removiendo ocasionalmente, otros cinco minutos, o hasta que la cebolla esté translúcida y la zanahoria tierna y crujiente. Añadir el caldo de vacuno, la salsa inglesa y el puré de tomate. Bajar un poco el fuego para guisar a fuego lento durante quince minutos.

4. En un cuenco, mezclar las chirivías (o el apio) y las patatas con la nata (o la leche) y la mantequilla. Mezclar la mitad del queso rallado.

5. Precalentar el horno a 180 °C. Verter la ternera y las verduras en la cacerola preparada, extender el puré de manera uniforme sobre la parte superior y espolvorear el queso restante. Hornear, sin tapar, durante treinta minutos, o hasta que el queso esté bien dorado. Sacar del horno y dejar reposar diez minutos. Servir en tazones individuales.

BISTEC DE FALDA MARINADO EN VINO TINTO Y MOSTAZA DE DIJON

El bistec de falda (procedente del costado de la res) es más tierno que algunos cortes de carne de res y mucho más sabroso. Como es un corte más delgado, gracias a la guarnición se logra una mayor saciedad: una ensalada de repollo aderezada con nata fresca, unas coles de Bruselas con mantequilla de ajo, cualquier elaboración que contenga queso… Empieza a preparar esta receta a primera hora del día, o incluso el día antes de comerla, para darle tiempo a la carne a que se marine.

RECETA PARA 4 RACIONES

4 dientes de ajo
¾ de vaso (175 ml) de vino
    tinto, repartido

3 cucharadas de mostaza de Dijon, repartida
3 cucharadas de aceite de oliva, repartidas
675 g de bistec de falda
Sal y pimienta

1. Reunir, preparar y medir/pesar los ingredientes. Picar el ajo.
2. Mezclar el ajo con medio vaso (125 ml) de vino tinto, dos cucharadas de mostaza, dos cucharadas de aceite de oliva y sal y pimienta. Poner el bistec en un bol no reactivo (ver nota en la receta de la *ensalada nizarda*, en la página 83), verter la marinada sobre él, tapar con una envoltura de plástico y refrigerar entre ocho y doce horas.
3. Sacar el filete de la marinada y reservar esta. Secar la carne y sazonarla con sal y pimienta.
4. Calentar una sartén *grill* a fuego alto y untarla con la cucharada restante de aceite de oliva. Poner el bistec en la sartén y asarlo, dándole la vuelta varias veces, entre diez y doce minutos, hasta que esté medio hecho. Trasladarlo a una tabla de madera, cubrirlo ligeramente con papel de aluminio y dejarlo reposar diez minutos.
5. Poner la marinada reservada en un cazo, llevar a ebullición a fuego alto y dejar que burbujee vigorosamente, sin remover, durante cinco minutos. Añadir el cuarto de vaso de vino restante (60 ml), hacer que la salsa vuelva a hervir y cocinar otros cinco minutos. Retirar del fuego y añadir la cucharada de mostaza restante.
6. Para servir, cortar el filete en lonchas finas en perpendicular a las fibras musculares y regarlas con la salsa de vino tinto por encima.

DELICIOSO PASTEL DE CARNE CON GRUYER

La elaboración del pastel de carne es el mejor tipo de inversión culinaria. Lo que inviertes es tu tiempo, por supuesto. Estás de pie delante de los fogones, así que ¿por qué no preparar deliberadamente más cantidad para tener sobras que puedas disfrutar después? Este pastel de carne tiene algo extra: capas de gruyer, por dentro y por fuera. Y está igual de delicioso caliente o a temperatura ambiente.

RECETA PARA 6-8 RACIONES

- 450 g de butifarra de cerdo
- 1 cebolla amarilla
- 4 dientes de ajo
- 8 ramitas de perejil de hoja plana
- 3 huevos
- 450 g de queso gruyer
- ¼ de vaso (60 ml) de tomates secos en aceite
- 900 g de carne de ternera picada con un contenido de grasa medio
- 1 cucharada de orégano seco
- ½ vaso (125 ml) de vino tinto
- 1 manojo de albahaca
- Sal y pimienta

1. Reunir, preparar y medir/pesar los ingredientes. Sacar la carne de butifarra de su revestimiento. Cortar la cebolla en dados. Picar el ajo. Cortar las hojas de perejil en trozos pequeños y desechar los tallos. En un cuenco pequeño, batir los huevos. Rallar el queso. Cortar los tomates secos en trocitos pequeños. Precalentar el horno a 190 °C. Cubrir el fondo y los lados de una fuente de horno de unos 33 x 23 cm (2 l de capacidad) con papel sulfurizado o de aluminio.

2. En un bol grande, mezclar con las manos la carne de butifarra y la carne de ternera picada con la cebolla, el ajo, el perejil y el orégano. Condimentar con sal y pimienta. Añadir los huevos batidos y el vino y mezclar. Extender la mezcla sobre una superficie plana y darle la forma de un rectángulo grande de unos 5 cm de espesor. Repartir tres cuartas partes del gruyer, el tomate seco y las hojas de albahaca de manera uniforme sobre la carne. Enrollar la mezcla en un cilindro rugoso y apretar los extremos para que no salga el queso.

3. Trasladar el rollo de carne a la fuente de horno preparada, con la unión hacia abajo, y hornear durante una hora, o hasta que esté bien dorado. Espolvorear el gruyer restante sobre la parte superior y hornear otros cinco minutos para que se derrita.

4. Para servir, cortar el pastel de carne en rodajas generosas.

CORDERO AL CURRI CON ARROZ DE COLIFLOR

Arroz de coliflor, ¿dónde has estado toda mi vida? Con todas las virtudes del arroz pero sin nada de su pesadez, ofrece una base perfecta para el curri o el chili, o cualquier cosa que normalmente pondrías sobre el arroz. En esta receta, la complejidad del sabor del curri necesita ser compensada por un sabor simple: ¡arroz de coliflor al rescate!

RECETA PARA 4-6 RACIONES

900 g de paletilla de cordero

2 cebollas amarillas

3 dientes de ajo

2 pimientos verdes especialmente picantes

1 trozo de jengibre de 2,5 cm

6 tomates grandes

700 g de coliflor o arroz de coliflor preparado

3 cucharadas de *ghee* o aceite de coco, repartidas

1 cucharadita y media de *garam masala* (mezcla de especias secas muy presente en la cocina india y de otras partes de Asia)

1 cucharada y media de comino molido

1 cucharada de cúrcuma molida

1 cucharada de chile en polvo

2 vasos (500 ml) de leche de coco

2 vasos (500 ml) de caldo de pollo; puede ser el de la receta de la página 195 (*caldo de pollo al estilo tradicional*)

250 g de hojas de espinaca *baby*

½ vaso (125 ml) de yogur natural

Sal y pimienta

1. Reunir, preparar y medir/pesar los ingredientes. Cortar el cordero en cubos y sazonar con sal y pimienta. Cortar las cebollas, el ajo, los pimientos picantes y los tomates en trozos pequeños. Rallar el jengibre; se debería obtener una cucharada aproximadamente. Poner la coliflor en un procesador de alimentos y triturarla hasta que parezca granos de arroz (a menos que se esté usando arroz de coliflor preparado).

2. En un horno holandés grande o una cacerola con tapa apta para meterla en el horno, cocinar el cordero en dos cucharadas de *ghee* (o aceite de coco) hasta que se dore por completo, para lo cual necesitará entre doce y quince minutos. Es posible que debas hacer esto por tandas, dependiendo del tamaño de tu cacerola, para que parte del cordero no se cocine con el vapor. Trasladar el cordero a un plato y reservarlo.

3. Poner la cebolla, el ajo, el pimiento picante y el jengibre en el horno holandés y rehogar a fuego medio-alto tres minutos, o hasta que todo esté aromático y las cebollas estén translúcidas. Vigilar que el ajo no se queme. Añadir el *garam masala*, el comino, la cúrcuma y el chile en polvo y remover durante un minuto aproximadamente para permitir que las especias ejerzan su efecto. Agregar el tomate y remover durante un par de minutos más para reducir el líquido del tomate. Condimentar con sal y pimienta.

4. Incorporar la leche de coco y el caldo, remover y raspar los trozos que puedan haberse quedado pegados al fondo de la cacerola con una cuchara de madera y llevar a ebullición. Bajar el fuego a intensidad media, volver a meter el cordero en la cacerola y tapar esta parcialmente. Cocer a fuego lento durante una hora aproximadamente, o hasta que el cordero esté muy tierno.

5. Mientras el cordero se esté haciendo, calentar a fuego medio la cucharada de *ghee* (o aceite de coco) restante en una sartén grande con tapa. Poner el arroz de coliflor y remover para cubrir bien. Condimentar con sal y pimienta. Tapar, bajar el fuego a medio-bajo y sofreír unos cinco minutos, o hasta que la coliflor esté caliente pero no blanda. (Retirar la cacerola del fuego si el cordero no ha terminado de cocinarse en este momento).

6. Cuando el cordero esté tierno, añadir las hojas de espinaca y un remolino de yogur. Condimentar con sal y pimienta.

7. Para servir, repartir el arroz de coliflor entre los platos y poner encima el cordero al curri.

PASTEL DE CARNE DE CORDERO CON PURÉ DE BONIATO

Este es el verdadero *pastel del pastor*, elaborado con carne de cordero picada y no con ternera, como se suele creer. Pero también puedes prepararlo con carne de ternera y de cerdo combinadas al 50 % si no puedes encontrar cordero. En lugar de la cobertura tradicional de puré de patata, uso boniatos, que tienen más nutrientes y menos almidón y combinan mejor con el cordero. Adelante, pruébalo.

RECETA PARA 4-6 RACIONES

2 boniatos
4 zanahorias
1 rama de apio
1 cebolla amarilla
4 lonchas de beicon
3 cucharadas de mantequilla
Nuez moscada molida
2 cucharadas de aceite de oliva

2 hojas de laurel
450 g de carne de cordero picada
1 lata (400 ml) de tomates ciruela, con su jugo
1 vaso (250 ml) de caldo de pollo; puede ser el de la receta de la página 195 (*caldo de pollo al estilo tradicional*)
3 ramitas de tomillo fresco
1 ramita de romero fresco
Sal y pimienta

1. Reunir, preparar y medir/pesar los ingredientes. Pelar y cortar los boniatos en cubos. Cortar las zanahorias y el apio en trozos pequeños. Cortar la cebolla en dados. Cortar el beicon en bastones.

2. Llevar a ebullición una olla grande de agua con sal a fuego alto, meter los boniatos y cocerlos durante quince minutos o hasta que estén tiernos. Escurrirlos y aplastarlos mezclándolos con la mantequilla y una pizca de nuez moscada molida.

3. Mientras se cuecen los boniatos, calentar el aceite de oliva en una sartén a fuego medio. Incorporar las zanahorias, el apio, la cebolla y las hojas de laurel y sofreír entre ocho y diez minutos, o hasta que las cebollas estén translúcidas y las zanahorias se ablanden. Añadir el beicon y sofreírlo durante cinco minutos, o hasta que haya liberado la mayor parte de su grasa pero no haya adquirido un color marrón oscuro. Añadir el cordero y rehogar, removiendo ocasionalmente, hasta que esté bien dorado (durante unos diez minutos). Añadir los tomates con su jugo, el caldo de pollo, el tomillo y el romero y llevar a ebullición. Bajar el fuego a bajo y guisar a fuego lento, sin tapar, durante veinte minutos, o hasta que el líquido se haya reducido a la mitad. Retirar y desechar el laurel, el tomillo y el romero. Condimentar con sal y pimienta.

4. Precalentar el horno a 200 °C. Verter el guiso de cordero en una fuente de horno de unos 33 x 23 cm (2 l de capacidad) y extender los boniatos en una capa uniforme por encima. Hornear entre veinticinco y treinta minutos, hasta que se formen burbujas y algunas partes estén doradas.

5. Para servir, cortar en cuadrados grandes y colocar en platos individuales.

KLEFTIKO (ESTOFADO GRIEGO CON CORDERO)

Esta receta fácil y deliciosa de cordero estofado te transportará a Cefalonia, Miconos o cualquier otra isla griega con la que sueñes. Empieza a elaborar esta receta el día antes de servirla para poder marinar bien el cordero. Cuando esté en el horno, comparte con tu pareja un vaso de *ouzo* (licor anisado de origen griego) mientras tu casa se llena de aromas mediterráneos.

RECETA PARA 6-8 RACIONES

12 dientes de ajo

4 chirivías medianas

2 cebollas rojas

2 pimientos morrones rojos

2 kg de paletilla de cordero

1 cucharada de aceite de oliva

2 cucharaditas de orégano seco

1 cucharadita de canela molida

2 limones

450 g de tomates *cherry*

1 hoja de laurel

Sal y pimienta

1. Reunir, preparar y medir/pesar los ingredientes. Pelar y aplastar el ajo; convertir seis de los dientes en una pasta usando un mortero o un cuchillo y un poco de aceite de oliva y sal en una tabla de cortar. Pelar las chirivías y cortarlas en trozos pequeños. Cortar las cebollas en rodajas. Cortar en rodajas los pimientos y quitarles las semillas. Tener preparada una hoja grande de papel de horno.

2. Poner la paletilla de cordero en un bol grande no reactivo (ver nota en la receta de la *ensalada nizarda*, en la página 83), untarlo todo con aceite de oliva y espolvorear por encima el orégano, la canela y sal y pimienta. Hacer que la pasta de ajo cubra toda la paletilla. Cortar por la mitad uno de los limones y exprimir el zumo de ambas mitades sobre el cordero. Cubrir y refrigerar entre ocho y doce horas.

3. Precalentar el horno a 160 °C. En un horno holandés pesado u otra cacerola con tapa apta para meter en el horno, poner los seis dientes de ajo restantes, la chirivía, la cebolla, el pimiento, los tomates y la hoja de laurel. Cortar por la mitad el otro limón, exprimir el zumo sobre las verduras y añadir su cáscara a la cacerola. Añadir medio vaso (125 ml) de agua y sazonar bien con sal y pimienta. Colocar el cordero sobre las verduras.

4. Cortar un círculo de papel de horno para colocarlo directamente sobre el cordero, lo suficientemente grande como

para que quede sellado y se guise en sus jugos. Tapar y hornear de cuatro a cinco horas, o hasta que el cordero esté blando al pincharlo con un tenedor. Sacar del horno y subir la temperatura de este a 220 °C. Quitar la tapa de la cacerola.

5. Volver a meter la cacerola en el horno y hornear, sin la tapa, durante quince minutos, para dorar la superficie y hacer que los sabores se vuelvan más intensos. Trasladar el cordero a una tabla o bandeja de madera, cubrirlo holgadamente con papel de aluminio y dejarlo reposar entre diez y quince minutos.

6. Volver a meter las verduras en el horno y dejar que se hagan, sin tapar la cacerola, durante otros diez o quince minutos, o hasta que estén bien doradas. Sacarlas del horno y desechar la hoja de laurel.

7. Para servir, cortar el cordero en rodajas gruesas o partirlo en trozos grandes. Servir en platos individuales con las verduras.

FILETES DE CERDO DORADOS CON SALVIA Y MANZANAS

Este plato se prepara rápidamente pero su elegante presentación sugiere lo contrario, por lo que es una buena opción para una cena especial. Asegúrate de golpear bien la carne para ablandarla antes de cocinarla; no seas cortés. Me gusta beber vinagre de sidra de manzana diluido en agua muy fría mientras cocino. Suena raro, lo sé, pero ¡pruébalo!

RECETA PARA 4 RACIONES

2 manzanas ácidas pequeñas

680 g de filetes de cerdo (entre 6 y 8)

6 dientes de ajo

2 cucharadas de mantequilla

Canela molida

3 cucharadas de aceite de oliva, repartidas

4 anchoas

12 hojas de salvia

1 cucharada de vinagre de sidra de manzana

Sal y pimienta negra recién molida

1. Reunir, preparar y medir/pesar los ingredientes. Sacarles el corazón a las manzanas y partirlas en ocho partes, pero no pelarlas. Rebajar el grosor de los filetes a 1 cm golpeándolos con un martillo ablandador de carne. Pelar y aplastar los ajos.

2. Derretir la mantequilla en una sartén grande a fuego medio-alto. Incorporar las manzanas, sazonar con una pizca de canela y sal y pimienta, y cocinar entre doce y quince minutos, volteando de vez en cuando, hasta que las manzanas se hayan ablandado pero no se hayan convertido en puré. Trasladar a un cuenco las manzanas y el jugo en el que se han cocinado.

3. En la misma sartén, poner una cucharada y media de aceite de oliva y saltear en él, durante unos treinta segundos, tres dientes de ajo, dos anchoas, seis hojas de salvia y una buena cantidad de pimienta negra recién molida. Añadir la mitad de los filetes y cocinarlos dos minutos por cada lado, hasta que algunas partes estén bien doradas. Poner los filetes cocinados en una fuente y mantenerlos calientes. Repetir el proceso con el aceite de oliva, el ajo, las anchoas, las hojas de salvia y los filetes restantes.

4. Volver a poner la misma sartén a fuego medio, añadir el vinagre de sidra de manzana y remover unos dos minutos para recoger los trozos marrones que hayan quedado en el fondo y para que el líquido se reduzca ligeramente, hasta que comience a espesarse. Verter este líquido suavemente, bien mezclado, sobre las manzanas.

5. Poner los filetes en una fuente de servir. Colocar las manzanas encima con cuidado y repartir los jugos cocinados sobre todos los elementos.

PANCETA DE CERDO CON ANÍS ESTRELLADO

Guisar la panceta de cerdo sin sumergirla como en un cocido, es la clave del éxito en esta receta. Dejar parte de la carne fuera del líquido permite que la grasa se dore, quede crujiente y se libere, haciendo que los jugos de la cocción estén deliciosos y llenos de sabor.

RECETA PARA 4 RACIONES

900 g de panceta de cerdo

1 bulbo de hinojo

3 dientes de ajo

4 vainas de cardamomo

1 cucharada de aceite de oliva

4 hojas de laurel

4 estrellas de anís

1 cucharada de semillas de hinojo

1 vaso y medio (325 ml) de vino blanco

De 2 a 3 vasos (500 a 750 ml) de caldo de pollo; puede ser el de la receta de la página 195 (*caldo de pollo al estilo tradicional*)

1 cucharada de mostaza de grano entero

Sal y pimienta

1. Reunir, preparar y medir/pesar los ingredientes. Con un cuchillo, trazar marcas en forma de rombo en la piel de la panceta. Condimentar con sal y pimienta. Cortar el hinojo en rodajas. Pelar y machacar el ajo. Triturar el cardamomo en un mortero. Precalentar el horno a 180 °C.

2. Calentar una bandeja para asar sobre un fogón a fuego medio. Añadir el aceite de oliva y después el hinojo, el ajo, el cardamomo, las hojas de laurel, el anís estrellado y las semillas de hinojo y remover durante un par de minutos, hasta que se desprenda olor. Apartar las verduras y las hierbas aromáticas a un lado del recipiente, incorporar la carne de cerdo con la piel hacia abajo y rehogar entre ocho y diez minutos, o hasta que su grasa se vuelva marrón. Dar la vuelta a la panceta, de manera que la piel quede hacia arriba.

3. Añadir el vino a la bandeja para desglasarla y raspar con una cuchara de madera los trozos que han quedado en el fondo tratando de no salpicar la carne. Llevar a ebullición y después verter suficiente caldo para llegar a la capa de grasa que hay justo debajo de la piel. No sumergir la grasa. Meter la bandeja en el horno y cocinar, sin cubrir, durante dos horas y media.

4. Trasladar la panceta a una tabla de madera, cubrirla holgadamente con papel de aluminio y dejarla reposar durante un mínimo de diez minutos.

5. Retirar el exceso de grasa de los jugos de cocción con una cuchara o una perilla de succión. Calentar los jugos restantes en un fogón a fuego medio-alto, añadir la mostaza y mezclar; a continuación probar y ajustar la sazón si es necesario. Retirar y desechar las hojas de laurel, el anís estrellado y el cardamomo. Para servir, cortar la carne y ponerla en platos individuales con salsa adicional aparte.

LOMO DE CERDO ASADO REBOZADO CON ALIÑO DE TÉ

El té es un ingrediente increíblemente versátil, así que no te limites a ponerlo en agua caliente y beberlo. Por ejemplo, ¿por qué no añadirlo a las recetas como harías con cualquier hierba seca? Es intensamente sabroso, especialmente el *earl grey*, que tiene olor a bergamota. El té también ofrece un sofisticado aliño seco a la carne de cerdo y de pollo y al pescado.

RECETA PARA 4 RACIONES

6 cucharadas de hojas sueltas de té *earl grey* o cristales de *earl grey* de la marca Pique (el té *earl grey* es una mezcla de té aromatizada con aceite de bergamota)

1 cucharada de ajo en polvo

1 cucharada de cebolla en polvo

1 cucharada de aceite de oliva

1,3 kg de redondo de lomo de cerdo

Sal y pimienta

1. Reunir y medir/pesar los ingredientes. Precalentar el horno a 230 °C. Disponer una hoja grande de papel sulfurizado sobre una bandeja de horno.

2. Mezclar las hojas o los cristales de té, el ajo en polvo y la cebolla en polvo y extenderlos sobre la bandeja de horno preparada. Usando las manos o un pincel de repostería, untar el lomo de cerdo con aceite de oliva y después rebozar el lomo con el aliño seco de té que hay en la bandeja de horno. Sazonar con sal y pimienta al gusto.

3. Poner el lomo de cerdo, con la grasa hacia arriba, en una fuente de horno lo suficientemente grande como para contenerlo holgadamente y asarlo durante veinte minutos. Bajar el fuego a 180 °C y seguir asando otros cuarenta minutos. Trasladar la carne a una tabla de madera, cubrirla ligeramente con papel de aluminio y dejarla reposar diez minutos.

4. Cortar el lomo en rodajas y servirlo en platos individuales.

CARNE DE CERDO ASADA LENTAMENTE CON MOSTAZA DE DIJON Y CHIPOTLE

Apetitosos aromas circularán por tu hogar durante horas mientras esta carne de cerdo se asa. Es una opción económica, perfecta para alimentar a una multitud… o a un grupo más pequeño con las sobras (¡hurra!). El asado quedará increíblemente tierno y tendrá un sabor intenso como premio por tu paciencia.

RECETA PARA 6-8 RACIONES

2 kg de espaldilla o paletilla de cerdo deshuesada

2 ramitas de tomillo fresco

3 dientes de ajo

1 cucharadita de chile chipotle molido o pimentón ahumado

2 cucharadas de mostaza de Dijon

Sal y pimienta

1. Reunir, preparar y medir/pesar los ingredientes. Si la pieza de carne aún no está atada con hilo de cocina, atarla en un pequeño bulto agradable a la vista. Sazonar generosamente con sal y pimienta. Poner el lado graso hacia arriba en una bandeja para asar o en una fuente de horno lo suficientemente pequeña como para que la pieza de carne quepa ajustada y dejar que alcance la temperatura ambiente (lo cual ocurrirá al cabo de una hora, aproximadamente). Separar las hojas de tomillo de las ramitas y cortarlas en trocitos. Picar el ajo. Precalentar el horno a 245 °C.

2. En un cuenco pequeño, mezclar el tomillo, el ajo y el chipotle molido (o el pimentón) con la mostaza. Condimentar con sal y pimienta. Con un pincel de repostería, untar la carne con este aderezo.

3. Asar la carne quince minutos y después sacarla del horno. Bajar la temperatura del horno a 95 °C. Cubrir la carne con papel de aluminio, volver a meterla en el horno y asarla lentamente durante ocho horas.

4. Para servir, cortar la carne, tibia, en rodajas finas y ponerla en platos individuales. O dejar que el asado se enfríe durante la noche en la nevera, cubierto, y volver a calentarlo, cubierto, a 120 °C durante unos treinta minutos antes de cortarlo en rodajas y servirlo.

SOLOMILLO DE CERDO CON LAS CINCO ESPECIAS CHINAS Y SALSA DE AJO Y JENGIBRE

Las cinco especias chinas de esta receta otorgan un sabor que es difícil de identificar si no se está familiarizado con dichas especias, pero muy apetitoso. Puesto que el solomillo de cerdo es un corte magro, el aceite de coco presente en la salsa de jengibre y ajo es crucial para un acabado suave y saciante.

RECETA PARA 4 RACIONES

SOLOMILLO

1 cucharadita de ajo en polvo

1 cucharadita de jengibre molido

1 cucharadita de las cinco especias chinas*

2 ramitas de cilantro fresco

680 g de solomillo de cerdo

1 cucharada de aceite de oliva

½ vaso (125 ml) de salsa de jengibre y ajo

SALSA DE JENGIBRE Y AJO

1 lima

1 diente de ajo

1 trozo de jengibre de 2,5 cm

½ vaso (125 ml) de *tamari*

2 cucharadas de aceite de coco

1 cucharadita de vinagre de vino de arroz

Sal y pimienta

1. Reunir, preparar y medir/pesar los ingredientes. Para preparar la salsa, rallar la corteza de la lima y exprimir el fruto. Picar el ajo. Rallar el jengibre. Precalentar el horno a 200 °C. Tener preparada una hoja grande de papel encerado o plástico para envolver.

2. Para preparar el solomillo, mezclar el ajo en polvo, el jengibre molido y las cinco especias en polvo en un cuenco pequeño. Separar las hojas de los tallos de cilantro, desechar los tallos y cortar las hojas en trozos. Colocar el papel encerado o el plástico sobre la encimera y espolvorear uniformemente la mezcla de especias secas sobre él. Hacer rodar suavemente la pieza de carne sobre esta mezcla. Calentar el aceite de oliva en una sartén pesada a fuego medio-alto y dorar la carne por todas partes, de

---

* Condimento en polvo que se vende preparado; en principio, compuesto por estas cinco especias en distintas proporciones: anís en polvo, canela, clavo de olor, semillas de hinojo y pimienta de Sichuan.

cuatro a seis minutos. Dejando los trozos dorados en la sartén, trasladar la carne a una bandeja de hornear y asarla en el horno entre doce y quince minutos. Sacar la carne del horno, cubrirla con papel de aluminio (que quede holgado) y dejarla reposar sobre la misma bandeja.

3. Para continuar con la salsa, mezclar una cucharada del zumo de lima, dos cucharaditas de la ralladura de lima, el ajo, dos cucharaditas de jengibre, el *tamari*, el aceite de coco y el vinagre de vino de arroz. Volver a poner a fuego medio-alto la sartén en la que se doró la carne, añadir unas dos cucharadas de agua y raspar los trozos dorados que hayan quedado en el fondo de la sartén con una cuchara de madera. Añadir la mezcla de jengibre y ajo y cocer para reducir el volumen del líquido y espesarlo un poco, unos cinco minutos. Reservar.

4. Trasladar el solomillo asado a una tabla de madera y cortarlo en rodajas finas. Repartir estas entre cuatro platos y aliñar con la salsa.

Barritas de frutos secos con un adorno de chocolate 175

Pastel de harina de almendra e higos 176

Paté de hígado de pollo 177

Guacamole con verduras crujientes 179

Humus de berenjena 180

Chips de col rizada (hojas de col rizada tostadas) 181

Garbanzos asados al horno 182

Almendras con *tamari* 184

Bolas de nueces energizantes 185

Crackers de semillas 187

Requesón con espiral de pesto 188

Frutos secos tostados y picantes 189

CAPRICHOS DULCES Y REFRIGERIOS

BARRITAS DE FRUTOS SECOS CON UN ADORNO DE CHOCOLATE

La versión original de esta receta requería sirope de arce, pero sin su abrumador dulzor la maravillosa combinación de frutos secos y chocolate brilla realmente. ¿Quién necesita el azúcar extra? ¡Estas barritas son mejores sin él!

RECETA PARA 16 A 24 BARRITAS

80 g de almendras, pacanas o nueces crudas o tostadas

80 g de dátiles deshuesados

1 clara de huevo

1 vaso y medio (375 ml) de quinoa

¼ de vaso (60 ml) de linaza molida

1 cucharadita de canela en polvo

½ cucharadita de nuez moscada en polvo

¼ de vaso (60 ml) de aceite de oliva

100 g de chocolate negro (con un 70% de cacao)

Sal

1. Reunir, preparar y medir/pesar los ingredientes. Cortar en trozos los frutos secos y los dátiles. Batir la clara de huevo hasta llegar a la etapa de pico suave (el punto en que la clara empieza a mantener su forma pero no puede permanecer en ella). Precalentar el horno a 180 °C. Tener preparado un molde para hornear cuadrado de 20 cm de lado.

2. En un cuenco, mezclar los frutos secos, los dátiles y la clara de huevo con la quinoa, la linaza, la canela, la nuez moscada, una pizca de sal y el aceite de oliva. Presionar la mezcla en el molde para horno y hornear treinta minutos, o hasta conseguir una masa consistente y dorada. Dejar enfriar en el molde durante una hora.

3. Derretir el chocolate al baño maría a fuego lento, o en un cuenco pequeño en el microondas. Verterlo como un chorrito sobre la masa horneada y dejar enfriar totalmente esta antes de cortarla en barritas y servir. Las sobras se mantendrán a temperatura ambiente en un recipiente hermético hasta tres días.

PASTEL DE HARINA DE ALMENDRA E HIGOS

Para ocasiones especiales en las que se requiere algo dulce, prueba este pastel tradicional de harina de almendra y aceite de oliva. No contiene cereales ni azúcar refinados; solo una pequeña cantidad de miel pura. Lee la etiqueta para asegurarte de que la miel no contenga jarabe de maíz. Decora con fruta fresca, si quieres.

RECETA PARA UN PASTEL DE 20 CM DE UNA SOLA CAPA

1 limón

10 higos frescos

¼ de vaso (60 ml) de aceite de oliva

¼ de vaso (60 ml) de miel pura

2 huevos grandes

1 vaso y medio (375 ml) de harina de almendra

1 cucharadita y media de levadura química (polvo de hornear)

⅓ de cucharadita de sal

1. Reunir, preparar y medir los ingredientes. Rallar la cáscara del limón y exprimir el fruto. Rebanar los higos a lo largo. Precalentar el horno a 180 °C. Engrasar ligeramente un molde para pastel redondo de 20 cm y cubrir el fondo y los lados con papel de horno.

2. En un cuenco grande, mezclar dos cucharadas del zumo de limón, una cucharada de la ralladura de limón, el aceite de oliva, la miel y los huevos. Batir la harina de almendra, la levadura química y la sal. Verter la masa en el molde para pastel preparado y colocar las rodajas de higo sobre la masa de forma que queden bien. Hornear entre treinta y treinta y cinco minutos, o hasta que un palito de madera o un tenedor insertado en el centro salga limpio.

3. Poner el pastel invertido en un plato, después invertirlo de nuevo para que quede con las rodajas de higo hacia arriba y deslizar sobre una rejilla para que se enfríe totalmente.

4. Para servir, cortar el pastel en porciones y servirlo en platos individuales.

PATÉ DE HÍGADO DE POLLO

Este sustancioso paté está delicioso extendido sobre crujientes rodajas de hortalizas (como zanahorias grandes cortadas al sesgo) o *crackers de semillas* (página 187). Se ve resaltado por la adición de coñac, salsa inglesa y salsa picante, y tiene un exquisito sabor *umami* (uno de los cinco sabores básicos).

RECETA PARA 2½ VASOS APROX. (625 ML)

6 dientes de ajo

1 cebolla amarilla

680 g de higaditos de pollo

1 cucharada de aceite de oliva

¼ de vaso (60 ml) de coñac

1 cucharadita de nuez moscada molida

1 cucharada de salsa inglesa (o Worcestershire)

2 cucharaditas de salsa picante

225 g de mantequilla

Sal y pimienta

1. Reunir, preparar y medir/pesar los ingredientes. Pelar, aplastar y cortar el ajo en trocitos. Cortar la cebolla en dados. Enjuagar los higaditos con agua fría y quitarles las venas externas grandes que puedan tener. Secarlos con papel de cocina y reservarlos en un plato.

2. En una sartén grande a fuego medio-alto, calentar el aceite de oliva. Añadir el ajo y la cebolla y sofreír, removiendo con frecuencia, durante cuatro minutos o hasta que estén dorados pero no chamuscados. Agregar los higaditos. Sazonar generosamente con sal y pimienta. Cocinar, removiendo constantemente, durante dos minutos para dorar los higaditos. Bajar el fuego a medio-bajo y cocinar entre seis y ocho minutos, o hasta que la parte central de los higaditos esté rosada (no roja).

3. Añadir el coñac y la nuez moscada, usando una cuchara de madera para raspar los trozos dorados del fondo de la sartén. Añadir la salsa inglesa y las salsa picante, y después retirar del fuego y trasladar a un recipiente de vidrio o cerámica. Dejar enfriar diez minutos y a continuación tapar y refrigerar veinte minutos, removiendo una vez.

4. Sacar de la nevera la mezcla de los higaditos, el ajo, la cebolla y los jugos y meterla en un procesador de alimentos o una batidora. Procesar o mezclar hasta obtener un puré grueso y a continuación añadir la mantequilla, dos cucharadas cada vez, hasta que se incorpore. Raspar los lados entre cada adición. Condimentar con sal y pimienta.

5. Trasladar el paté a un cuenco pequeño (de unos tres vasos, o 750 ml, de capacidad), cubrir con una envoltura de plástico asegurándose de que toque la superficie del paté y refrigerar durante una hora como mínimo y una semana como máximo. Dejar que el paté alcance la temperatura ambiente antes de servirlo.

GUACAMOLE CON VERDURAS CRUJIENTES

Esta salsa clásica alcanza nuevas cotas con la adición de trozos de tomate y cebolla roja. Está deliciosa servida muy fresca con crujientes verduras crucíferas crudas, como el brócoli y la coliflor, pero puedes escaldarlas para facilitar su digestión, si lo prefieres. Procura no aplastar demasiado el aguacate ni mezclar en exceso los ingredientes: el guacamole no debe estar blando como la comida para bebés.

RECETA PARA UNOS 2 VASOS (500 ML)

3 aguacates maduros

2 dientes de ajo

1 pimiento jalapeño

2 limas

225 g de tomates uva

1 cebolla roja

4 ramitas de cilantro fresco

Sal y pimienta

VERDURAS SUGERIDAS:

Endibia belga con las hojas separadas

Brócoli escaldado 3 minutos

Zanahorias crudas, cortadas en palitos

Coliflor escaldada 3 minutos

Apio cortado en palitos

Rábanos cortados por la mitad

Pimientos morrones rojos y amarillos cortados en tiras a lo largo

1. Reunir, preparar y medir/pesar los ingredientes. Cortar por la mitad los aguacates, desechar los huesos y poner la pulpa en un cuenco con una cuchara. Picar el ajo. Quitarle las semillas al chile jalapeño y picarlo. Rallar la corteza de las limas y exprimir los frutos. Cortar los tomates en trozos pequeños. Cortar la cebolla en trocitos pequeños. Cortar en trozos las hojas y los tallos del cilantro.

2. En un bol grande, machacar el aguacate sin demasiados miramientos, para que queden algunos trozos. Añadir el ajo, el jalapeño, una cucharada de la ralladura de lima, dos cucharadas del zumo de lima, los tomates, la cebolla y el cilantro. Probar y añadir más zumo de lima si se quiere. Condimentar con sal y pimienta.

3. Con una cuchara, poner el guacamole en un bol para servir, o, si se prepara con antelación y se tiene previsto servirlo más tarde, exprimir un poco de zumo de lima por encima, tapar con una envoltura de plástico (presionando el plástico hasta que esté en contacto con la superficie de la salsa) y poner en la nevera durante un máximo de cuatro horas.

4. Para servir, disponer las verduras con gracia en una fuente o bandeja y servirlas con el tazón de guacamole al lado.

HUMUS DE BERENJENA

El humus suele ser una mezcla de garbanzos y *tahini*, pero es más interesante con berenjenas asadas. El pequeño esfuerzo adicional que ello requiere vale la pena, definitivamente. El humus es un almuerzo muy fácil de llevar para comer fuera de casa. Prepara algunas verduras crudas para mojar en él, ¡y listo!

RECETA PARA UNOS 2 VASOS (500 ML)

1 lata o bote (540 ml) de garbanzos

4 dientes de ajo

1 limón

900 g de berenjenas

3 cucharadas de pasta de *tahini*

½ cucharadita de comino

1 cucharada de aceite de oliva

Sal y pimienta

1. Reunir, preparar y medir/pesar los ingredientes. Escurrir y enjuagar los garbanzos. Picar el ajo. Rallar la cáscara del limón y exprimir el fruto. Precalentar el horno a 200 °C. Forrar con papel de horno una fuente para hornear lo suficientemente grande como para alojar las berenjenas con holgura.

2. Pinchar las berenjenas en varios lugares con un tenedor, ponerlas en la fuente de horno preparada y asarlas entre treinta y cuarenta minutos, en función de su tamaño. La pulpa debe quedar translúcida y cremosa, no firme y blanca. Sacarlas del horno y dejarlas reposar en la misma fuente hasta que estén lo bastante frías como para poder manejarlas. Desechar la piel y hacer puré la pulpa en un procesador de alimentos o una batidora.

3. Añadir a la berenjena los garbanzos, el ajo, dos cucharadas del zumo de limón, una cucharada de agua, el *tahini* y el comino. Procesar hasta que quede muy suave. Hacer menos espeso añadiendo más agua o zumo de limón, una cucharadita cada vez, según las preferencias personales. Condimentar con sal y pimienta.

4. Para servir, verter el humus en un tazón o plato hondo con borde. Aliñar con aceite de oliva y una pizca de ralladura de limón.

CHIPS DE COL RIZADA (HOJAS DE COL RIZADA TOSTADAS)

¡Qué manera de tomar las verduras! Los *chips* de col rizada son tan atractivos como las patatas fritas (de bolsa), pero contienen menos almidón. Es importante disponer las hojas de col rizada en una sola capa para hornearlas, o se volverán correosas en lugar de crujientes. También se puede duplicar esta receta (multiplicar por dos los ingredientes).

RECETA PARA 4 RACIONES

- 1 manojo de col rizada o col rizada toscana (*lacinato kale*)
- 1 cucharada de aceite de oliva
- 2 cucharadas de levadura nutricional
- 1 cucharadita de sal
- 1 cucharadita de pimienta de Cayena

1. Reunir, preparar y medir los ingredientes. Separar las hojas de col rizada de los tallos, desechar estos y rasgar las hojas en trozos grandes. Enjuagarlas, escurrirlas y ponerlas sobre paños de cocina limpios para que se sequen totalmente. La col rizada debe estar bien seca para que los *chips* estén crujientes. Precalentar el horno a 150 °C. Forrar dos bandejas de horno con papel sulfurizado.

2. En un bol grande, untar totalmente las hojas secas de col rizada con el aceite de oliva, con las manos. Espolvorear por encima la levadura nutricional, la sal y la pimienta de Cayena.

3. Extender la col rizada en una sola capa en las dos bandejas de horno y colocar estas en las posiciones superior e inferior. Transcurridos diez minutos, intercambiar la posición de las bandejas y hornear otros diez minutos. Sacar del horno y dejar enfriar cinco minutos.

4. Para servir, verter cuidadosamente los *chips* en un tazón ¡y a por ellos! Se pueden conservar hasta tres días en un recipiente hermético.

GARBANZOS ASADOS AL HORNO

Un pequeño puñado de garbanzos crujientes y sabrosos asados es un buen refrigerio para romper el ayuno o un ingrediente inesperado en ensaladas. También quedan bien en la *sopa de cebolla con emmental* (página 100) justo antes de servirla para proporcionar una textura crujiente. Para que estén más picantes, pon más pimienta de chipotle y chile en polvo.

RECETA PARA VARIOS PUÑADOS PEQUEÑOS

2 latas o botes (540 ml x 2) de garbanzos

2 cucharadas de aceite de oliva

1 cucharadita de comino molido

1 cucharadita de pimienta de chipotle

1 cucharadita de chile en polvo

Sal y pimienta

1. Reunir, preparar y medir los ingredientes. Escurrir y enjuagar los garbanzos. Secarlos bien sobre paños de cocina limpios. Precalentar el horno a 200 °C.

2. En un bol, mezclar los garbanzos con el aceite de oliva, el comino, la pimienta de chipotle y el chile en polvo. Extender los garbanzos en una bandeja de horno, sazonarlos con sal y pimienta y asarlos entre treinta y cuarenta minutos, removiendo ocasionalmente para evitar que se ennegrezcan. Hay que empezar a estar pendiente de los garbanzos veinticinco minutos después de haberlos metido en el horno; pueden chamuscarse en un momento. Sacarlos del horno y dejar que se enfríen completamente en la bandeja.

3. Para servir, verter los garbanzos en un tazón y pasar este de mano en mano. Las sobras se conservan bien en un recipiente hermético a temperatura ambiente durante tres días como máximo.

ALMENDRAS CON *TAMARI*

El punto destacado de esta receta es el salado sabor a soja del *tamari*. Las almendras con *tamari* disponibles en la mayoría de las tiendas de alimentos especializadas tienden a ser caras, y nunca se puede tener la seguridad de que no hayan sido recubiertas con un aceite poco saludable antes de tostarlas. Este es un método de tostado en seco que da como resultado unas almendras muy crujientes y saciantes.

RECETA PARA UNOS 2 VASOS (500 ML)

450 g de almendras crudas
¼ de vaso (60 ml) de *tamari*
1 cucharadita de zumo de
   limón fresco
¼ de cucharadita de
   pimienta de Cayena
Sal y pimienta

1. Reunir y medir/pesar los ingredientes. Precalentar el horno a 180 °C. Cubrir una bandeja de horno con papel sulfurizado.

2. En un bol, mezclar las almendras con el *tamari*, el zumo de limón y la pimienta de Cayena. Disponer las almendras en una sola capa en la bandeja de horno y tostarlas entre cinco y siete minutos. Apagar el horno y dejar que las almendras se enfríen durante quince minutos en el interior.

3. Sacar las almendras del horno, sazonarlas de inmediato con sal y pimienta y dejar que se enfríen totalmente.

4. Para servir, poner las almendras en un tazón. Las que sobren se pueden conservar en un recipiente hermético a temperatura ambiente cinco días. (Si se ponen correosas al cabo de unos días, volver a calentarlas unos cinco minutos en el horno a 180 °C y volverán a estar crujientes).

BOLAS DE NUECES ENERGIZANTES

Estas bolas son geniales recién sacadas del congelador. Son pequeñas mezclas congeladas de nueces y dátiles que proporcionan energía, fibra y proteínas. También están deliciosas enfriadas solamente, aunque entonces son menos sólidas. Comer un par de estas bolas es una buena manera de romper el ayuno. Potentes, fáciles de llevar consigo y perfectas, también son un buen tentempié para después de hacer ejercicio.

RECETA PARA 24 BOLAS

225 g de nueces tostadas

350 g de dátiles *medjool* deshuesados

100 g de coco rallado sin edulcorantes

2 cucharadas de aceite de coco

1 cucharadita de extracto puro de vainilla

1 cucharadita de canela molida

½ cucharadita de sal

1. Reunir y medir/pesar los ingredientes.
2. En un procesador de alimentos equipado con una cuchilla de metal, procesar las nueces con los dátiles, el coco rallado, el aceite de coco, el extracto de vainilla, la canela y la sal. Hacer veinticuatro bolas con la mezcla y disponerlas en una sola capa en una bandeja de horno. Congelarlas, sin cubrirlas, durante una hora para que adquieran consistencia.
3. Una vez congeladas, trasladar las bolas a un recipiente de vidrio hermético. Conservarlas en la nevera durante una semana como máximo o congeladas hasta cuatro semanas.

CRACKERS DE SEMILLAS

¡Sorpresa! Los *crackers* no tienen por qué venir en un paquete; se pueden preparar en casa. Los *crackers* caseros saben mucho mejor (y son mejores para tu salud) que la mayoría de los que se venden. Puesto que contienen más semillas que harina, también son más saciantes. Y como ventaja adicional, son lo suficientemente resistentes como para sumergirlos en líquido o untar algo en ellos sin que se desmenucen.

RECETA PARA 1 BANDEJA GRANDE DE *CRACKERS*

¼ de vaso (60 ml) de aceite de coco

½ vaso (125 ml) de harina de garbanzo o harina de almendra

½ vaso (125 ml) de semillas de girasol

½ vaso (125 ml) de semillas de lino

¼ de vaso (60 ml) de semillas de sésamo

Sal y pimienta

1. Reunir, preparar y medir los ingredientes. Derretir el aceite de coco en un cazo a fuego lento. Precalentar el horno a 180 °C. Untar ligeramente con aceite una bandeja de horno.

2. En un bol, mezclar la harina con las semillas de girasol, de lino y de sésamo. Añadir el aceite de coco y un vaso (250 ml) de agua hirviendo y remover. Con las manos, extender la mezcla sobre la bandeja de horno, tratando de que quede lo más fina y uniforme posible. Sazonar con sal y pimienta, y a continuación hornear treinta minutos. Dejar el horno encendido.

3. Sacar la bandeja del horno y agitarla o usar una espátula de metal para despegar el contenido. Volver a meterla en el horno y cocer otros quince minutos. Apagar el horno y dejar enfriar la bandeja en su interior con su contenido durante una hora.

4. Para servir, romper la mezcla crujiente en trozos (*crackers*) del tamaño apetecido. Poner un poquito más de sal, si se quiere, y servir.

REQUESÓN CON ESPIRAL DE PESTO

El cremoso requesón con una espiral de pesto de albahaca fresca nos invita a profundizar en las verduras (puedes ver las sugerencias que se exponen en la receta de *guacamole con verduras crujientes*, en la página 179) o a explorar las posibilidades de los *crackers de semillas* (página 187). El pesto se congela bien; es una buena idea preparar una gran cantidad cuando la albahaca es abundante en verano y principios de otoño.

RECETA PARA UNOS 2 VASOS (500 ML)

2 manojos grandes de albahaca fresca

4 dientes de ajo

¼ de vaso (60 ml) de piñones

30 g de queso parmesano *reggiano* o queso de oveja curado (*pecorino*)

½ vaso (125 ml) de aceite de oliva, y más para servir

450 g de requesón

Sal y pimienta

1. Reunir, preparar y medir/pesar los ingredientes. Separar las hojas de albahaca de los tallos y desechar estos. Escaldar el ajo sumergiendo los dientes enteros sin pelar en una olla pequeña con agua fría, llevando el agua a ebullición a fuego medio-alto, escurriendo y haciendo la operación otra vez. Quitar las pieles. Calentar los piñones en una sartén pequeña a fuego medio hasta que estén dorados y aromáticos. Rallar el queso.

2. En una batidora o un procesador de alimentos, mezclar tres cuartas partes de las hojas de albahaca con los dientes de ajo escaldados, los piñones y el aceite de oliva. Trasladar a un tazón, añadir el queso y mezclar. Condimentar con sal y pimienta.

3. Alisar el requesón en una capa uniforme sobre un plato de servir. Añadir el pesto por encima haciendo una espiral. Esparcir las hojas de albahaca restantes sobre la parte superior y aliñar con un poco de aceite de oliva. Sazonar con más sal y pimienta.

FRUTOS SECOS TOSTADOS Y PICANTES

Los frutos secos son una buena opción cuando pretendemos comer grasas saludables con proteínas y fibra (que es lo que todos deberíamos pretender). Esta receta es extremadamente sencilla y los frutos secos, muy sabrosos, son perfectos con una copa de vino tinto. Es una buena idea tener algunos a mano para cuando sea necesario.

RECETA PARA 2 VASOS (500 ML)

1 cucharada de aceite de oliva

2 cucharaditas de sal

½ cucharadita de comino molido

½ cucharadita de jengibre molido

½ cucharadita de chile en polvo

½ cucharadita de pimienta de Cayena

¼ de cucharadita de canela molida

250 g de frutos secos variados (unos 2 vasos o 500 ml)

Escamas o cristales gruesos de sal

1. Reunir y medir/pesar los ingredientes. Precalentar el horno a 150 °C. Cubrir una bandeja de horno con papel sulfurizado.

2. En un bol grande, mezclar el aceite de oliva con la sal, el comino, el jengibre, el chile en polvo, la pimienta de Cayena y la canela. Poner los frutos secos en la mezcla de especias y hacer que queden bien recubiertos. Extenderlos en una sola capa sobre la bandeja de horno preparada y tostarlos entre diez y quince minutos, o hasta que desprendan su aroma y tengan un color marrón oscuro en algunas partes. Prestar mucha atención a que no se quemen.

3. Sacarlos del horno y dejarlos enfriar durante cinco minutos en la bandeja antes de espolvorearlos ligeramente con escamas o cristales de sal. Dejar que se enfríen totalmente.

4. Para servir, poner los frutos secos en un tazón pequeño. Los que sobren se van a conservar muy bien en un recipiente hermético a temperatura ambiente durante dos semanas como máximo.

Caldo de huesos de ternera y pollo 192

Caldo de ternera o pollo hecho en olla a presión 193

Caldo de huesos de ternera 194

Caldo de pollo al estilo tradicional 195

Caldo de pescado 196

Caldo de gambas 197

Caldo y sopa *pho* de ternera 198

Tés 199

Tés de hierbas 200

Horchata de almendras 201

Latte de cúrcuma 202

CALDOS Y OTRAS BEBIDAS

CALDO DE HUESOS DE TERNERA Y POLLO

Utiliza cualquier combinación de huesos de ternera y pollo para preparar este caldo; tan solo asegúrate de que pesen 2,7 kg en total.

RECETA PARA UNOS 3 L

2 cebollas amarillas

3 zanahorias

3 tallos de apio

6 dientes de ajo

1,8 kg de huesos, alas, cuellos y carcasas de pollo

900 g de huesos, espinillas o costillas de ternera

1 manojo de perejil de hoja plana

1 manojo de tomillo

2 hojas de laurel

Sal y pimienta

1. Reunir, preparar y medir/pesar los ingredientes. Cortar en trozos pequeños las cebollas, las zanahorias y el apio. Aplastar el ajo.

2. Meter los huesos en una olla grande y sazonar generosamente con sal y pimienta. Añadir suficiente agua fría para cubrir los huesos 5 cm. Llevar a ebullición a fuego alto, después bajar el fuego a intensidad baja y cocer a fuego lento, sin tapar, durante una hora. Retirar cualquier espuma que se forme en la superficie.

3. Añadir la cebolla, la zanahoria, el apio, el ajo, el perejil, el tomillo y las hojas de laurel. Cocer a fuego lento, sin tapar, durante otras seis horas y seguir retirando la espuma de la superficie. Sacar y desechar los huesos, colar el líquido a través de un colador de malla fina de manera que caiga en una cacerola limpia y desechar los elementos sólidos restantes.

4. Volver a meter el caldo en la olla, probar y ajustar la sazón con sal y pimienta. Verterlo en tazas para disfrutarlo de inmediato o mantenerlo refrigerado en un recipiente hermético durante un máximo de dos semanas o congelado durante un máximo de cuatro semanas.

CALDO DE TERNERA O POLLO HECHO EN OLLA A PRESIÓN

Si mantienes una relación profunda y verdadera con tu olla a presión rápida (del tipo Instant Pot, entre otras marcas), he aquí una variación del caldo de huesos, ya sean de pollo o ternera, que se cocina en poco tiempo y ofrece todas las deliciosas bondades de las cocciones más lentas.

RECETA PARA UNOS 2,5 O 3 L

1 cebolla amarilla

2 zanahorias

2 tallos de apio

3 dientes de ajo

900 g de huesos de ternera o alas, patas y muslos de pollo

1 cucharada de vinagre de sidra de manzana

1 hoja de laurel

Sal y pimienta

1. Reunir, preparar y medir/pesar los ingredientes. Cortar en trozos pequeños la cebolla, las zanahorias y el apio. Aplastar el ajo.

2. Meter la cebolla, la zanahoria, el apio, el ajo, los huesos, el vinagre y el laurel en una olla a presión. Sazonar generosamente con sal y pimienta. Añadir agua fría para cubrir todo 2,5 cm. Cocer a alta presión durante tres horas si se ha optado por los huesos de ternera o noventa minutos si se ha optado por el pollo.

3. Retirar y desechar los huesos, hacer pasar el caldo por un colador de malla fina de tal manera que caiga en una cacerola limpia y desechar los sólidos restantes. Volver a meter el caldo en la olla, probarlo y ajustar la sazón con sal y pimienta. Verterlo en tazas para beberlo de inmediato o mantenerlo refrigerado en un recipiente hermético durante un máximo de dos semanas o congelado durante un máximo de cuatro semanas.

CALDO DE HUESOS DE TERNERA

No siempre es fácil encontrar huesos de ternera en los supermercados. Pero pregunta en el mostrador de la sección de carnicería; es probable que tengan huesos cortados congelados o listos para cortarlos en el momento para ti. No te desanimes por el tiempo que requiere la preparación de este caldo; puedes dejar que se cueza a fuego lento mientras haces otras cosas en casa. ¡Te alegrarás mucho de saborear los deliciosos resultados!

RECETA PARA UNOS 8 VASOS (2 L)

1 cebolla amarilla

2 zanahorias

2 tallos de apio

4 dientes de ajo

1,5 kg de huesos de ternera

2 cucharadas de vinagre de sidra de manzana

2 hojas de laurel

Sal y pimienta

1. Reunir, preparar y medir/pesar los ingredientes. Cortar en trozos pequeños la cebolla, las zanahorias y el apio. Aplastar el ajo.

2. Meter la cebolla, la zanahoria, el apio, el ajo y los huesos de ternera en una olla grande y sazonar generosamente con sal y pimienta. Añadir suficiente agua fría para cubrir 2,5 cm el contenido y a continuación el vinagre y las hojas de laurel. Llevar a ebullición a fuego alto, después bajar el fuego a intensidad baja y cocinar a fuego lento, sin tapar, durante diez horas como mínimo, añadiendo más agua fría si es necesario para mantener los huesos cubiertos. Retirar cualquier espuma que se forme en la superficie del caldo.

3. Desechar los huesos, hacer pasar el caldo por un colador de malla fina de manera que caiga en una cacerola limpia y desechar los sólidos restantes. Volver a meter el caldo en la olla, probarlo y ajustar la sazón con sal y pimienta. Verterlo en tazas para beberlo de inmediato o mantenerlo refrigerado en un recipiente hermético durante un máximo de dos semanas o congelado durante un máximo de cuatro semanas.

CALDO DE POLLO AL ESTILO TRADICIONAL

Este caldo se prepara al estilo de la sopa de pollo de toda la vida: es sustancioso, sabroso y bueno para las dolencias. Constituye una base perfecta para una sopa y es un delicioso caldo claro para mantener a raya el hambre mientras ayunas. Para efectuar un cambio exquisito, emplea tres estrellas de anís en lugar de las hierbas frescas y añade una cucharada de *tamari* al servir.

RECETA PARA UNOS 3 L

1 cebolla amarilla

2 zanahorias

2 tallos de apio

2 dientes de ajo

2,5 kg de huesos, alas, patas y cuellos de pollo

2 hojas de laurel

4 ramitas de tomillo fresco

1 manojo pequeño de perejil de hoja plana

Sal y pimienta

1. Reunir, preparar y medir/pesar los ingredientes. Cortar en trozos pequeños la cebolla, las zanahorias y el apio. Aplastar el ajo. Precalentar el horno a 230 °C.

2. Poner los huesos en una bandeja para asar grande y hornearlos cuarenta y cinco minutos. Trasladarlos a una olla grande. Desglasar la bandeja para asar con agua, usando una cuchara de madera para raspar los trozos marrones pegados. Verter el jugo de la bandeja sobre los huesos en la olla.

3. Añadir la cebolla, la zanahoria, el apio, el ajo, el laurel, el tomillo y el perejil y sazonar generosamente con sal y pimienta. Añadir suficiente agua fría para cubrir el contenido 2,5 cm. Llevar a ebullición a fuego alto, despúes bajar el fuego a intensidad baja y cocer a fuego lento, sin tapar, durante dos horas, descartando la espuma que se acumule en la superficie.

4. Desechar los huesos, hacer pasar el caldo a través de un colador de malla fina de tal manera que caiga en una cacerola limpia y desechar los sólidos restantes. Volver a meter el caldo en la olla, probarlo y ajustar la sazón con sal y pimienta. Verterlo en tazas para beberlo de inmediato o mantenerlo refrigerado en un recipiente hermético durante un máximo de dos semanas o congelado durante un máximo de cuatro semanas.

CALDO DE PESCADO

En la cocina francesa, este caldo ligero se conoce como *fumet*. Sugiere delicadamente el sabor a pescado y nunca debería cocerse durante mucho tiempo, al contrario del caldo de ternera o pollo, o la presencia del pescado sería demasiado contundente y por tanto desagradable.

RECETA PARA 4-6 TAZAS (ENTRE 1 Y 1,5 L)

900 g de espinas y cabezas de pescado blanco

2 cucharadas de sal

1 cebolla amarilla pequeña

2 dientes de ajo

½ bulbo de hinojo

2 tallos de apio

1 puerro (solo la parte blanca)

1 cucharada de aceite de oliva virgen extra ligero

1 vaso (250 ml) de vino blanco seco

2 ramitas de perejil fresco de hoja plana

2 ramitas de estragón fresco

1 hoja de laurel

5 granos de pimienta negra

1. Reunir, preparar y medir/pesar los ingredientes. Poner las espinas y las cabezas del pescado en un bol grande, llenarlo con suficiente agua fría para cubrirlas, espolvorear la sal y mantenerlas en remojo durante una hora. Tanscurrido ese tiempo, enjuagarlas en agua fría. Cortar en dados la cebolla, el hinojo y el apio. Aplastar el ajo. Picar el puerro.

2. En una olla, calentar el aceite a fuego medio. Agregar la cebolla, el ajo, el hinojo, el apio y el puerro. Rehogar, removiendo, entre seis y ocho minutos para ablandar las verduras, pero sin dejar que se doren. Añadir el vino y guisar a fuego lento, sin tapar, durante diez minutos. Incorporar las cabezas y las espinas del pescado y suficiente agua fría para cubrir el contenido 2,5 cm.

3. Llevar el caldo a una ligera ebullición y a continuación añadirle el perejil, el estragón, el laurel y los granos de pimienta. Bajar el fuego a intensidad baja y cocer a fuego lento muy suavemente, sin tapar, durante veinte minutos.

4. Hacer pasar el caldo por un colador de malla fina de tal manera que caiga en una cacerola limpia y desechar los sólidos. Volver a meter el caldo en la olla, probarlo y ajustar la sazón. Verterlo en tazas para beberlo de inmediato o conservarlo refrigerado en un recipiente hermético durante un máximo de dos semanas o congelado durante un máximo de cuatro semanas.

CALDO DE GAMBAS

Esta receta es una buena alternativa al *caldo de pescado* (página 196) y muchas veces es más fácil conseguir cáscaras de gambas que espinas y cabezas de pescado crudo. Cuando comas gambas, mete las cáscaras en una bolsa para congelar y prepara un caldo cuando tengas una buena cantidad.

RECETA PARA UNOS 2 L

3 dientes de ajo

3 ramitas de tomillo fresco

2 cucharadas de aceite de oliva

Cáscaras de 36 a 48 gambas (procedentes de unos 900 g de gambas)

1 hoja de laurel

Sal y pimienta

1. Reunir, preparar y medir los ingredientes. Picar el ajo. Separar las hojas de tomillo de los tallos y desechar estos.

2. En una olla, calentar el aceite de oliva a fuego medio. Agregar el ajo, el tomillo y las cáscaras de las gambas. Rehogar, removiendo constantemente, durante unos cinco minutos, o hasta que se desprenda aroma sin que las cáscaras lleguen a dorarse. Ajustar el fuego si es necesario.

3. Añadir suficiente agua fría para cubrir las cáscaras 2,5 cm e incorporar la hoja de laurel. Llevar a ebullición, después bajar el fuego inmediatamente a intensidad baja y cocer a fuego lento durante treinta minutos. Retirar cualquier espuma que se forme en la parte superior.

4. Hacer pasar el caldo a través de un colador de malla fina de tal manera que caiga en una cacerola limpia y desechar los sólidos. Volver a meter el caldo en la olla y sazonar con sal y pimienta. Probar el caldo. Si parece demasiado poco consistente, volver a ponerlo a fuego lento hasta lograr el sabor deseado. Verterlo en tazas y beberlo caliente, a sorbos.

CALDO Y SOPA *PHO* DE TERNERA

El *pho* de carne de ternera es una sopa de carne vietnamita con guarniciones como hierbas aromáticas, brotes de soja, cebolletas en rodajas y pimientos picantes que se introducen en el caldo caliente antes de consumirlo. El caldo por sí solo es sabroso y saciante, lo que hace que sea una buena opción durante los períodos de ayuno, pero siempre se puede dar un paso más y preparar una sopa deliciosa para tener una comida completa.

RECETA PARA 2 A 2,5 L APROX.

PARA EL CALDO

1 cebolla amarilla
1 trozo de jengibre de 2,5 cm
1,8 kg de huesos, espinilla y costillas de ternera
2 estrellas de anís
3 cucharadas de salsa de pescado
Sal y pimienta

SOPA

680 g de solomillo, sin cocinar, cortado en lonchas finas
6 ramitas de cilantro fresco
2 cebolletas (solo las partes verdes) cortadas en filetes finos
2 vasos (500 ml) de brotes de soja
1 manojo de albahaca tailandesa

1. Reunir, preparar y medir/pesar los ingredientes. Cortar la cebolla en cuartos. Pelar el jengibre y cortarlo en rodajas del grosor de monedas. Precalentar el horno a 220 °C.

2. Disponer los huesos en una sola capa sobre una bandeja de horno, meter los trozos de cebolla entre los huesos y asar, sin cubrir, durante una hora, o hasta que la cebolla esté marrón oscura.

3. Trasladar los huesos y la cebolla asados a una olla grande. Añadir el jengibre, el anís estrellado y la salsa de pescado, sazonar generosamente con sal y pimienta, y añadir suficiente agua fría para cubrir 5 cm el contenido. Llevar a ebullición a fuego alto, después bajar el fuego a intensidad baja y cocer a fuego lento, sin tapar, durante seis horas. Retirar cualquier espuma que se forme en la superficie.

4. Retirar los huesos, hacer pasar el caldo a través de un colador de malla fina de manera que caiga en una cacerola limpia y desechar los sólidos restantes. Volver a meter el caldo en la olla, probarlo y ajustar la sazón con sal y pimienta.

5. Repartir los filetes de solomillo, el cilantro, las cebolletas y los brotes de soja de manera uniforme entre cuatro tazones de sopa. Verter el caldo encima muy caliente y adornar con unas hojas de albahaca tailandesa.

TÉS

El té se obtiene de la planta *Camellia sinensis* e incluye el té negro, el verde, el blanco y el azul (o *oolong*), cada uno de los cuales requiere un procesamiento, un grado de fermentación y una oxidación diferentes. El té contiene antioxidantes, que pueden ayudar a reparar los tejidos. El té verde también contiene catequinas, que, según se cree, suprimen el apetito. Todos los tés, incluidos los de hierbas (conocidos a menudo como infusiones) se pueden servir calientes o fríos. El té puede estimularnos o relajarnos, según la cantidad de tiempo que estén sumergidas en líquido las hojas y lo sensibles que seamos a la teína.

Estas son las temperaturas del agua y los tiempos de inmersión óptimos correspondientes a los distintos tés, tanto si vienen en hojas sueltas como si están contenidos en bolsas.

Tipo de té	Temperatura del agua óptima	Tiempo en agua caliente
Negro	96 °C	De 3 a 5 minutos
Verde	80 °C	De 3 a 5 minutos
Azul (*oolong*)	90 °C	6 minutos
Blanco	85 °C	8 minutos

Los cristales de té Pique permiten preparar té de forma instantánea sin la presencia de muchas sustancias químicas. Elige una sola variedad o combínalos. Sigue las instrucciones que vienen en el paquete para elaborar el té caliente o frío. Mezclados con agua con gas, estos cristales de té son buenos sustitutos de los refrescos azucarados.

TÉS DE HIERBAS

Si prefieres evitar la cafeína o la teína, o el café o el té descafeinados procesados químicamente, puedes probar con los tés de hierbas. A pesar de la denominación *té de hierbas*, no se puede hablar propiamente de té cuando la planta de base no es la *Camellia sinensis*; en estos casos suele hablarse de *infusión*, sin más. Hay miles de opciones disponibles, tanto en hojas sueltas como en bolsas. Investiga, ya que las infusiones suelen ser inocuas, pero también pueden tener propiedades medicinales; por este motivo, debes saber cuáles pueden ser sus efectos antes de consumirlas. Las infusiones de hojas, pétalos y semillas puestos en agua caliente se pueden servir calientes o frías.

INFUSIÓN RELAJANTE

8 hojas de menta fresca

Llevar a ebullición un vaso (250 ml) de agua en un cazo. Apagar el fuego, añadir las hojas de menta y dejarlas cinco minutos en el agua caliente. Verter el agua en una taza y sorber lentamente.

INFUSIÓN DIGESTIVA

30 g de jengibre fresco

Pelar el jengibre y cortarlo en rodajas finas. Llevar a ebullición un vaso (250 ml) de agua en un cazo. Apagar el fuego, añadir el jengibre y dejarlo quince minutos en el agua caliente.

HORCHATA DE ALMENDRAS

Esta refrescante bebida de almendras se originó en España y está muy presente en México y América del Sur. Se consumen variaciones de ella en la mayoría de las tradiciones culinarias en las que hay comidas picantes. Sus efectos refrescantes equilibran el calor de los alimentos picantes, pero esta es una bebida maravillosa cada vez que se necesita tomar algo estimulante.

RECETA PARA 4 RACIONES

4 vasos (1 l) de leche de almendras sin edulcorantes
4 palitos de canela
½ cucharadita de extracto puro de vainilla o 1 vaina de vainilla
1 cucharadita de sirope de arce
Canela molida, para servir

1. Reunir y medir los ingredientes.
2. Mezclar la leche de almendras, los palitos de canela, la vaina de vainilla entera (si se usa) y el sirope de arce en una cacerola y calentar a fuego medio-bajo hasta que empiece a salir humo. Bajar el fuego a intensidad baja y seguir calentando diez minutos, dejando que los sabores se mezclen. Retirar la leche del fuego y desechar los palitos de canela y la vaina de vainilla (si se ha usado). Si no se ha utilizado esta última, añadir el extracto de vainilla ahora.
3. Para tomar la horchata caliente, servirla en cuatro tazas pequeñas con una pizca de canela molida.
4. Para tomar la horchata fría, dejar que se enfríe a temperatura ambiente y después conservarla en la nevera, tapada, durante la noche. Servir en cuatro vasos con una pizca de canela molida.

LATTE DE CÚRCUMA

Este *latte* maravillosamente cálido hará subir tu nivel de energía sin que tengas que acudir a la cafeína. Se cree que la cúrcuma es antiinflamatoria, lo que puede ser útil si se tienen problemas digestivos. Experimenta con la cantidad de cúrcuma hasta encontrar el equilibrio adecuado según tus preferencias en cuanto al sabor. La cantidad indicada aquí es un buen punto de partida.

RECETA PARA 4 RACIONES

1 vaso y medio (375 ml) de leche de coco sin edulcorantes

1 vaso y medio (375 ml) de leche de almendras sin edulcorantes

1 cucharadita y media de cúrcuma molida

¼ de cucharadita de canela molida

¼ de cucharadita de jengibre molido

Pimienta negra molida

Cardamomo molido

½ cucharadita de extracto puro de vainilla

1. Reunir y medir los ingredientes.
2. Mezclar todos los ingredientes en una cacerola pequeña a fuego medio-bajo. Batir bien para evitar que las especias se aglomeren. Calentar hasta que empiecen a aparecer pequeños hilos de vapor.
3. Para servir, verter en cuatro tazas y espolvorear más canela por encima si se quiere.

APÉNDICE: PLANES DE AYUNO

Muestra de plan de comidas para 7 días
para complementar un ayuno de 16 horas

Hora de la comida	1.er día	2.º día	3.er día	4.º día	5.º día	6.º día	7.º día
Mañana	**DÍA DE AYUNO** *Latte* de cúrcuma (pág. 202)	Tortitas de coco (con frutas del bosque y nata) (pág. 58)	**DÍA DE AYUNO** Té verde	Huevos fritos con espinacas picantes y quinoa (pág. 63)	**DÍA DE AYUNO** *Latte* de cúrcuma (pág. 202)	Huevos escalfados con espinacas y jamón curado (pág. 66)	**DÍA DE AYUNO** Té o café
Mediodía	Pollo cortado en trocitos, aguacate y ensalada de gruyer (pág. 80)	Ensalada de *burrata*, espárragos y rábanos con vinagreta de lima (pág. 78)	Tortilla clásica (pág. 59)	Ensalada nizarda (pág. 83)	Humus de berenjena con verduras (pág. 180) Sopa de cebolla con emmental (pág. 100)	Ensalada de rúcula, higos y nueces con vinagreta de beicon (pág. 75)	Curri tailandés de verduras (pág. 108)
Tarde-noche	Pastel de carne de ternera y puré de patata (*cottage pie*) con puré de queso (pág. 154) Brócoli asado con aceite de pimiento picante y ajo (pág. 99)	Muslos de pollo con limón encurtido (pág. 113) Tomates pequeños asados en la sartén con tiras de albahaca (pág. 101)	Vieiras con jamón curado (pág. 134) Grelos con ajo y pimiento picante (pág. 104)	Chili de pavo (pág. 124)	Cordero al curri con arroz de coliflor (pág. 158) *Saag paneer* (pág. 105)	Bacalao con ensalada de col lombarda, mango y aguacate (pág. 129)	Panceta de cerdo con anís estrellado (pág. 166) Verduras asiáticas con miso y aceite de sésamo (pág. 92)
Noche	Té verde	**DÍA DE AYUNO** Infusión relajante (pág. 200)	Té de hierbas (infusión)	**DÍA DE AYUNO** Té verde	Infusión relajante (pág. 200)	**DÍA DE AYUNO** Té de hierbas (infusión)	**DÍA DE AYUNO** Té verde

Evita totalmente picar entre horas.

Muestra de plan de comidas para 7 días
para complementar un ayuno de 24 horas

Hora de la comida	1.er día	2.º día	3.er día	4.º día	5.º día	6.º día	7.º día
Mañana	**DÍA DE AYUNO** *Latte* de cúrcuma (pág. 202)	Frutas del bosque con frutos secos tostados y nata (pág. 58)	**DÍA DE AYUNO** Té o café	*Parfaits* de chía (pág. 57)	**DÍA DE AYUNO** *Latte* de cúrcuma (pág. 202)	Huevos escalfados con espinacas y jamón curado (pág. 66)	**DÍA DE AYUNO** Té o café
Mediodía	**DÍA DE AYUNO** Caldo de huesos de ternera y pollo (pág. 192)	Ensalada de *burrata*, espárragos y rábanos con vinagreta de lima (pág. 78)	**DÍA DE AYUNO** Caldo de huesos de ternera y pollo (pág. 192)	Ensalada nizarda (pág. 83)	**DÍA DE AYUNO** Caldo de huesos de ternera y pollo (pág. 192)	Sopa de cebolla con emmental (pág. 100) Ensalada de rúcula, higos y nueces con vinagreta de beicon (pág. 75)	**DÍA DE AYUNO** Caldo de huesos de ternera y pollo (pág. 192)
Tarde-noche	Pastel de carne de ternera y puré de patata (*cottage pie*) con puré de queso (pág. 154) Brócoli asado con aceite de pimiento picante y ajo (pág. 99)	Muslos de pollo con limón encurtido (pág. 113) Tomates pequeños asados en la sartén con tiras de albahaca (pág. 101)	Vieiras con jamón curado (pág. 134) Grelos con ajo y pimiento picante (pág. 104)	Chili de pavo (pág. 124)	Cordero al curri con arroz de coliflor (pág. 158) *Saag paneer* (pág. 105)	Bacalao con ensalada de col lombarda, mango y aguacate (pág. 129)	Panceta de cerdo con anís estrellado (pág. 166) Verduras asiáticas con miso y aceite de sésamo (pág. 92)
Noche	Té verde	**DÍA DE AYUNO** Infusión relajante (pág. 200)	Té de hierbas (infusión)	**DÍA DE AYUNO** Té verde	Infusión relajante (pág. 200)	**DÍA DE AYUNO** Té de hierbas (infusión)	**DÍA DE AYUNO** Té verde

Evita totalmente picar entre horas.

Muestra de plan de comidas para 7 días
para complementar un ayuno de 36 horas

Hora de la comida	1.er día	2.º día	3.er día	4.º día	5.º día	6.º día	7.º día
Mañana	DÍA DE AYUNO *Latte* de cúrcuma (pág. 202)	Frutas del bosque con frutos secos tostados y nata (pág. 58)	DÍA DE AYUNO Té o café	*Parfaits* de chía (pág. 57)	DÍA DE AYUNO *Latte* de cúrcuma (pág. 202)	Huevos escalfados con espinacas y jamón curado (pág. 66)	DÍA DE AYUNO Té o café
Mediodía	DÍA DE AYUNO Caldo de huesos de ternera y pollo (pág. 192)	Ensalada de *burrata*, espárragos y rábanos con vinagreta de lima (pág. 78)	DÍA DE AYUNO Caldo de huesos de ternera y pollo (pág. 192)	Ensalada nizarda (pág. 83)	DÍA DE AYUNO Caldo de huesos de ternera y pollo (pág. 192)	Sopa de cebolla con emmental (pág. 100) Ensalada de rúcula, higos y nueces con vinagreta de beicon (pág. 75)	DÍA DE AYUNO Caldo de huesos de ternera y pollo (pág. 192)
Tarde-noche	DÍA DE AYUNO Caldo y sopa *pho* de ternera (pág. 198)	Muslos de pollo con limón encurtido (pág. 113) Tomates pequeños asados en la sartén con tiras de albahaca (pág. 101)	DÍA DE AYUNO Caldo de pollo al estilo tradicional (pág. 195)	Chili de pavo (pág. 124)	DÍA DE AYUNO Caldo y sopa *pho* de ternera (pág. 198)	Gambas al pimiento picante y al ajo con alubias *cannellini* (pág. 138)	DÍA DE AYUNO Caldo de gambas (pág. 197)
Noche	DÍA DE AYUNO Té verde	DÍA DE AYUNO Infusión relajante (pág. 200)	DÍA DE AYUNO Té de hierbas (infusión)	DÍA DE AYUNO Té verde	DÍA DE AYUNO Té de hierbas (infusión)	DÍA DE AYUNO Té de hierbas (infusión)	DÍA DE AYUNO Té verde

Evita totalmente picar entre horas.

Agradecimientos

Quiero expresar un agradecimiento especial a estos cocineros y cocineras por desarrollar, poner a prueba y mejorar las recetas expuestas en este libro:

- Carey Broen
- Julia Chanter
- Moira French
- Goody Gibson
- Christopher Jackson
- Charlie Johnston
- David Johnston
- Hannah Johnston
- Alex Mackenzie
- Sandra Maclean
- Diane Morch
- John Morch
- Christine Platt
- Russ Seton

Índice temático

A

Aceite
  de oliva 30
  de sésamo 51
Aguacates
  Bacalao con ensalada de col lombarda, mango y aguacate 129
  Guacamole con verduras crujientes 179
  Pollo cortado en trocitos, aguacate y ensalada de gruyer 80
Ajo
  Brócoli asado con aceite de pimiento picante y ajo 99
  Coles de Bruselas con mantequilla al ajo y a la mostaza de Dijon 95
  Gambas al pimiento picante y al ajo con alubias cannellini 138
  Grelos con ajo y pimiento picante 104
  Humus de berenjena 180
  Kleftiko (estofado briego con cordero) 162
  Pollo y verduras en una bandeja de asar al estilo mediterráneo 116
  Requesón con espiral de pesto 188
  Solomillo de cerdo con las cinco especias chinas y salsa de ajo y jengibre 170
  Trucha sobre tabla de cedro con «alioli» de almendras 141
Albahaca (fresca)
  Bacalao con tomates secos y costra de pacanas 130

Caldo y sopa pho de ternera 198
Curri tailandés de verduras 108
Delicioso pastel de carne con gruyer 156
Ensalada caprese 77
Ensalada nizarda 83
Pollo y verduras en una bandeja de asar al estilo mediterráneo 116
Requesón con espiral de pesto 188
Tomates pequeños asados en la sartén con tiras de albahaca 101
Alcohol 26
Alimentos básicos para tener en la despensa 49
Almendras con tamari 184
Almendras y harina de almendras
  Almendras con tamari 184
  Crackers de semillas 187
  Pastel de harina de almendra e higos 176
  Tortas de salmón con beurre blanc 136
  Trucha sobre tabla de cedro con «alioli» de almendras 141
Alubias
  Cassoulet rápido de pato 121
  Chili de pavo 124
  Gambas al pimiento picante y al ajo con alubias cannellini 138
  Vieiras con jamón curado 134
Anchoas
  Bacalao con tomates secos y costra de pacanas 130
  Ensalada nizarda 83

Filetes de cerdo dorados con salvia
    y manzanas 164
Vieiras con jamón curado 134
Aspirina 41
Atún
    Atún con zaatar y salsa de tahini 144
    Ensalada nizarda 83
Atún con zaatar y salsa de tahini 144
Avena 25
Aves de corral 111
Aves de corral: pollo, pato y pavo
    Cassoulet rápido de pato 121
    Chili de pavo 124
    Higaditos de pollo con jerez y nata 115
    Muslos de pollo con limón encurtido 113
    Pato guisado al té con hinojo 122
    Pavo con curri 123
    Pechugas de pollo escalfadas en vino
        rosado 114
    Pollo con costra de semillas de sésamo 118
    Pollo marroquí con cúrcuma y
        albaricoques 119
    Pollo y verduras en una bandeja de asar al
        estilo mediterráneo 116
Ayuno 20, 22, 26, 33, 34, 35, 36, 37, 38, 39,
    40, 41, 42, 43, 44, 45, 46, 50, 55, 182, 185,
    198, 203, 204, 205, 206
Azúcar en sangre 18, 40, 41, 42, 60

B

Bacalao con ensalada de col lombarda, mango y
    aguacate 129
Bacalao con tomates secos y costra
    de pacanas 130
Barritas de frutos secos con un adorno de
    chocolate 175
Beicon
    Pastel de carne de cordero con puré de bo-
        niato 160
Beicon y panceta
    Cassoulet rápido de pato 121
    Ensalada de rúcula, higos y nueces con vina-
        greta de beicon 75
    Guiso de puerros y champiñones con
        panceta 94
    Pastel de carne de cordero con puré de bo-
        niato 160

Pollo y verduras en una bandeja de asar al
    estilo mediterráneo 116
Bistec de falda marinado en vino tinto y mostaza
    de dijon 155
Bolas de nueces energizantes 185
Boniatos
    Pastel de carne de cordero con puré de bo-
        niato 160
Brócoli asado con aceite de pimiento picante y
    ajo 99
Brotes de soja
    Caldo y sopa pho de ternera 198
Butifarra
    Delicioso pastel de carne con gruyer 156

C

Café 26, 27, 40, 45, 85, 144, 200, 204, 205, 206
Calabacín con parmesano 109
Calabacines
    Calabacín con parmesano 109
    Piperrada 102
    Pollo y verduras en una bandeja de asar al
        estilo mediterráneo 116
Calambres musculares 43
Caldereta de pescado y marisco con mayonesa
    de ajo al estilo provenzal 145
Caldo de gambas 197
Caldo de huesos de ternera 194
Caldo de huesos de ternera y pollo 192
Caldo de pescado 196
Caldo de pollo al estilo tradicional 195
Caldo de ternera o pollo hecho en olla
    a presión 193
Caldos y otras bebidas
    Caldo de gambas 197
    Caldo de huesos de ternera 194
    Caldo de huesos de ternera y pollo 192
    Caldo de pescado 196
    Caldo de pollo al estilo tradicional 195
    Caldo de ternera o pollo hecho en olla a
        presión 193
    Caldo y sopa pho de ternera 198
    Horchata de almendras 201
    Infusión digestiva 200
    Infusión relajante 200
    Latte de cúrcuma 202
    Tés 199

Tés de hierbas 200
Caldo y sopa pho de ternera 198
Calorías 12, 15, 16, 19, 20, 21, 22, 37, 40
Caprichos dulces y refrigerios
   Almendras con tamari 184
   Barritas de frutos secos con un adorno de chocolate 175
   Bolas de nueces energizantes 185
   Chips de col rizada (hojas de col rizada tostadas) 181
   Crackers de semillas 187
   Frutos secos tostados y picantes 189
   Garbanzos asados al horno 182
   Guacamole con verduras crujientes 179
   Humus de berenjena 180
   Pastel de harina de almendra e higos 176
   Paté de hígado de pollo 177
   Requesón con espiral de pesto 188
Carbohidratos 20, 21, 22, 23, 24, 25, 28, 29, 30, 31, 32, 45, 57, 154
Carne
   Delicioso pastel de carne con gruyer 156
Carne de cerdo asada lentamente con mostaza de dijon chipotle 169
Carnes: vacuno, cordero y cerdo
   Bistec de falda marinado en vino tinto y mostaza de dijon 155
   Carne de cerdo asada lentamente con mostaza de dijon chipotle 169
   Cordero al curri con arroz de coliflor 158
   Costillas cortas de ternera con anís estrellado y pimienta de sichuan 152
   Delicioso pastel de carne con gruyer 156
   Filetes de cerdo dorados con salvia y manzanas 164
   Kleftiko (estofado briego con cordero) 162
   Lomo de cerdo asado rebozado con aliño de té 167
   Panceta de cerdo con anís estrellado 166
   Pastel de carne de cordero con puré de boniato 160
   Pastel de carne de ternera y puré de patata (cottage pie) con puré de queso 154
   Solomillo de cerdo con las cinco especias chinas y salsa de ajo y jengibre 170
Cassoulet rápido de pato 121
Cebollas
   Piperrada 102

Shakshuka 69
Sopa de cebolla con emmental 100
Cerdo
   Carne de cerdo asada lentamente con mostaza de dijon chipotle 169
   Filetes de cerdo dorados con salvia y manzanas 164
   Lomo de cerdo asado rebozado con aliño de té 167
   Panceta de cerdo con anís estrellado 166
   Solomillo de cerdo con las cinco especias chinas y salsa de ajo y jengibre 170
Cereales 25
Cetosis 35
Champiñones
   Costillas cortas de ternera con anís estrellado y pimienta de sichuan 152
   Curri tailandés de verduras 108
   ensaladas asadas y crudas: de champiñones e hinojo 85
   Guiso de puerros y champiñones con panceta 94
Chía (semillas)
   Parfaits de chía 57
Chili de pavo 124
Chips de col rizada (hojas de col rizada tostadas) 181
Chirivías
   Kleftiko (estofado briego con cordero) 162
   Pastel de carne de ternera y puré de patata (cottage pie) con puré de queso 154
Chocolate
   Barritas de frutos secos con un adorno de chocolate 175
Cilantro
   Bacalao con ensalada de col lombarda, mango y aguacate 129
   Caldo y sopa pho de ternera 198
   Chili de pavo 124
   Guacamole con verduras crujientes 179
   Shakshuka 69
   Solomillo de cerdo con las cinco especias chinas y salsa de ajo y jengibre 170
Clínica Metabólica de Toronto 14
Coco y harina de coco
   Bolas de nueces energizantes 185
   Tortitas de coco 60
Código de la obesidad, el 16, 19, 21

Col
  Bacalao con ensalada de col lombarda, mango y aguacate 129
  Ensalada de col lombarda y col de Saboya con nata fresca 81
  Hojas de col con leche de coco 98
Coles de bruselas
  Coles de Bruselas con mantequilla al ajo y a la mostaza de Dijon 95
  Coles de bruselas cortadas muy finas con queso pecorino y piñones 88
Coles de Bruselas con mantequilla al ajo y a la mostaza de Dijon 95
Coles de bruselas cortadas muy finas con queso pecorino y piñones 88
Coliflor
  Coliflor asada con cúrcuma y salsa de tahini 107
  Cordero al curri con arroz de coliflor 158
  Pastel de pescado con puré de patata y coliflor 147
  Pavo con curri 123
Coliflor asada con cúrcuma y salsa de tahini 107
Col rizada
  Chips de col rizada (hojas de col rizada tostadas) 181
  Curri tailandés de verduras 108
Coñac 177
Cordero
  Cordero al curri con arroz de coliflor 158
  Kleftiko (estofado briego con cordero) 162
  Pastel de carne de cordero con puré de boniato 160
Cordero al curri con arroz de coliflor 158
Costillas cortas de ternera con anís estrellado y pimienta de sichuan 152
Crackers de semillas 187
Curri tailandés de verduras 108

D

Dátiles
  Barritas de frutos secos con un adorno de chocolate 175
  Bolas de nueces energizantes 185
Delicioso pastel de carne con gruyer 156
Diabetes 12, 13, 14, 18, 24, 27, 31, 34, 39, 41
Dieta mediterránea 21, 30, 31

E

Edulcorantes 24, 57, 185, 201, 202
Ejercicio 11, 12, 15, 17, 20, 27, 42, 185
Ensalada caprese 77
Ensalada de burrata, espárragos y rábanos con vinagreta de lima 78
Ensalada de col lombarda y col de Saboya con nata fresca 81
Ensalada de gambas y achicoria roja coj vinagreta de cítricos 142
Ensalada de rúcula, higos y nueces con vinagreta de beicon 75
Ensalada nizarda 83
Ensaladas asadas y crudas 84
  Champiñones e hinojo 85
  Remolacha y zanahoria 85
Ensaladas contundentes
  Coles de bruselas cortadas muy finas con queso pecorino y piñones 88
  Ensalada caprese 77
  Ensalada de burrata, espárragos y rábanos con vinagreta de lima 78
  Ensalada de col lombarda y col de Saboya con nata fresca 81
  Ensalada de rúcula, higos y nueces con vinagreta de beicon 75
  Ensalada nizarda 83
  Ensaladas asadas y crudas: de champiñones e hinojo, de remolacha y zanahoria 84
  Ensalada tabulé con quinoa 86
  Espárragos mimosa con vinagreta de champán (cava) 76
  Pollo cortado en trocitos, aguacate y ensalada de gruyer 80
Ensalada tabulé con quinoa 86
Espárragos
  Ensalada de burrata, espárragos y rábanos con vinagreta de lima 78
  Espárragos mimosa con vinagreta de champán (cava) 76
  Huevos pasados por agua con espárragos asados 70
Espárragos mimosa con vinagreta de champán (cava) 76
Espinacas
  Cordero al curri con arroz de coliflor 158

Huevos escalfados con espinacas y jamón curado 66

Huevos fritos con espinacas picantes y quinoa 63

Pastel de pescado con puré de patata y coliflor 147

Saag paneer 105

Estreñimiento 44

F

Filetes de cerdo dorados con salvia y manzanas 164

Fruta

Bacalao con ensalada de col lombarda, mango y aguacate 129

Filetes de cerdo dorados con salvia y manzanas 164

Frutas del bosque con frutos secos tostados y nata 58

Fruta seca

Ensalada de rúcula, higos y nueces con vinagreta de beicon 75

Pollo marroquí con cúrcuma y albaricoques 119

Frutos secos

Almendras con tamari 184

Bacalao con tomates secos y costra de pacanas 130

Barritas de frutos secos con un adorno de chocolate 175

Bolas de nueces energizantes 185

Ensalada de rúcula, higos y nueces con vinagreta de beicon 75

Frutas del bosque con frutos secos tostados y nata 58

Frutos secos tostados y picantes 189

Parfaits de chía 57

Trucha sobre tabla de cedro con «alioli» de almendras 141

Frutos secos tostados y picantes 189

G

Gambas

Caldo de gambas 197

Ensalada de gambas y achicoria roja con vinagreta de cítricos 142

Gambas al pimiento picante y al ajo con alubias cannellini 138

Gambas al pimiento picante y al ajo con alubias cannellini 138

Garbanzos

Curri tailandés de verduras 108

Garbanzos asados al horno 182

Humus de berenjena 180

Garbanzos asados al horno 182

Gestión Dietética Intensiva 14, 16, 19, 41, 42, 45

Glicerol 35

Gluconeogénesis 35, 42

Grasa corporal 16, 17, 18, 31, 39

Grelos con ajo y pimiento picante 104

Guacamole con verduras crujientes 179

Guindilla ojo de pájaro 116

Guiso de puerros y champiñones con panceta 94

H

Hierbas (frescas)

Caldo de huesos de ternera y pollo 192

Caldo de pescado 196

Caldo de pollo al estilo tradicional 195

Coliflor asada con cúrcuma y salsa de tahini 107

Ensalada tabulé con quinoa 86

Filetes de cerdo dorados con salvia y manzanas 164

Salmón escalfado con mayonesa de lima y eneldo 133

Shakshuka 69

Higaditos de pollo con jerez y nata 115

Higos

Ensalada de rúcula, higos y nueces con vinagreta de beicon 75

Pastel de harina de almendra e higos 176

Hinojo (bulbo)

Caldereta de pescado y marisco con mayonesa de ajo al estilo provenzal 145

Caldo de pescado 196

Ensaladas asadas y crudas: de champiñones e hinojo 84

Panceta de cerdo con anís estrellado 166

Pato guisado al té con hinojo 122

Hojas de col con leche de coco 98

Horchata de almendras 201

Hormonas 16, 17, 18, 37

Huevos
  Ensalada nizarda 83
  Espárragos mimosa con vinagreta de champán
    (cava) 76
  Huevos escalfados con espinacas y jamón
    curado 66
  Huevos fritos con espinacas picantes y
    quinoa 63
  Huevos pasados por agua con espárragos
    asados 70
  Huevos revueltos con salmón ahumado y
    eneldo 65
  Sabrosas natillas de gruyer 64
  Shakshuka 69
  Tortilla clásica 59
  Tortitas de coco 60
Huevos escalfados con espinacas y
  jamón curado 66
Huevos fritos con espinacas picantes
  y quinoa 63
Huevos pasados por agua con
  espárragos asados 70
Huevos revueltos con salmón ahumado
  y eneldo 65
Humus de berenjena 180

I

Infusión
  digestiva 200
  relajante 200
Insulina 13, 16, 17, 18, 19, 20, 21, 22, 23, 24,
  26, 28, 29, 30, 32, 33, 34, 35, 36, 38, 40,
  41, 104

J

Jamón curado
  Huevos escalfados con espinacas y jamón
    curado 66
  Vieiras con jamón curado 134
Jengibre
  Caldo y sopa pho de ternera 198
  Cordero al curri con arroz de coliflor 158
  Costillas cortas de ternera con anís estrellado
    y pimienta de sichuan 152
  Curri tailandés de verduras 108
  Hojas de col con leche de coco 98

Infusión digestiva 200
Pato guisado al té con hinojo 122
Pollo con costra de semillas de sésamo 118
Pollo marroquí con cúrcuma y albaricoques 119
Saag paneer 105
Solomillo de cerdo con las cinco especias
  chinas y salsa de ajo y jengibre 170
Vieiras doradas y ensalada de lentejas 140

K

Kleftiko (estofado briego con cordero) 162

L

Latte de cúrcuma 202
Leche
  de coco 57, 60, 90, 98, 108, 158, 159, 202
Leche de almendras
  Horchata de almendras 201
  Latte de cúrcuma 202
  Parfaits de chía 57
Leche de coco
  Cordero al curri con arroz de coliflor 158
  Curri tailandés de verduras 108
  Hojas de col con leche de coco 98
  Latte de cúrcuma 202
  Parfaits de chía 57
  Tortitas de coco 60
Lentejas
  Vieiras doradas y ensalada de lentejas 140
Liliáceas 52
Limas y jugo de limas
  Bacalao con ensalada de col lombarda, mango
    y aguacate 129
  Curri tailandés de verduras 108
  Ensalada de burrata, espárragos y rábanos con
    vinagreta de lima 78
  Guacamole con verduras crujientes 179
  Hojas de col con leche de coco 98
  Pollo con costra de semillas de sésamo 118
  Salmón escalfado con mayonesa de lima y
    eneldo 133
  Solomillo de cerdo con las cinco especias
    chinas y salsa de ajo y jengibre 170
  Verduras asiáticas con miso y aceite
    de sésamo 92

Limones
Muslos de pollo con limón encurtido 113
Salmón en leche con gremolata 132
Lino, semillas de
Barritas de frutos secos con un adorno de
chocolate 175
Crackers de semillas 187
Lomo de cerdo asado rebozado con
aliño de té 167

M

Magnesio 27, 28, 43
Mango
Bacalao con ensalada de col lombarda, mango
y aguacate 129
Marisco
Caldereta de pescado y marisco con mayonesa
de ajo al estilo provenzal 145
Vieiras con jamón curado 134
Vieiras doradas y ensalada de lentejas 140
Mayonesa (como ingrediente)
Caldereta de pescado y marisco con mayonesa
de ajo al estilo provenzal 145
Salmón escalfado con mayonesa de lima y
eneldo 133
Menta
Coliflor asada con cúrcuma y salsa de tahini 107
Ensalada tabulé con quinoa 86
Infusión relajante 200
Metformina 41
Miso
Verduras asiáticas con miso y aceite
de sésamo 92
Mozzarella
Ensalada caprese 77
Muslos de pollo con limón encurtido 113

N

Nata
Frutas del bosque con frutos secos tostados y
nata 58
Higaditos de pollo con jerez y nata 115
Pastel de pescado con puré de patata
y coliflor 147
Sabrosas natillas de gruyer 64

Nata agria/nata fresca
Chili de pavo 124
Ensalada de col lombarda y col de Saboya con
nata fresca 81
Higaditos de pollo con jerez y nata 115
Pollo marroquí con cúrcuma y albaricoques 119
Nueces
Bolas de nueces energizantes 185
Ensalada de rúcula, higos y nueces con vina-
greta de beicon 75

O

Olivas
Ensalada nizarda 83
Pollo y verduras en una bandeja de asar al
estilo mediterráneo 116

P

Panceta de cerdo con anís estrellado 166
Parfaits de chía 57
Pastel de carne de cordero con puré
de boniato 160
Pastel de carne de teenera y puré de patata (cot-
tage pie) con puré de queso 154
Pastel de harina de almendra e higos 176
Pastel de pescado con puré de patata
y coliflor 147
Patatas
Ensalada nizarda 83
Pastel de carne de ternera y puré de patata
(cottage pie) con puré de queso 154
Pastel de pescado con puré de patata
y coliflor 147
Paté de hígado de pollo 177
Pato
Cassoulet rápido de pato 121
Pato guisado al té con hinojo 122
Pato guisado al té con hinojo 122
Pavo
Chili de pavo 124
Pavo con curri 123
Pavo con curri 123
Pechugas de pollo escalfadas en vino rosado 114
Perejil
Pastel de pescado con puré de patata
y coliflor 147

Salmón en leche con gremolata 132
Pescado
    Atún con zaatar y salsa de tahini 144
    Bacalao con ensalada de col lombarda, mango
        y aguacate 129
    Bacalao con tomates secos y costra
        de pacanas 130
    Caldereta de pescado y marisco con mayonesa
        de ajo al estilo provenzal 145
    Caldo de pescado 196
    Ensalada nizarda 83
    Pastel de pescado con puré de patata
        y coliflor 147
    Trucha sobre tabla de cedro con «alioli» de
        almendras 141
Pescado y marisco
    Atún con zaatar y salsa de tahini 144
    Bacalao con ensalada de col lombarda, mango
        y aguacate 129
    Bacalao con tomates secos y costra
        de pacanas 130
    Caldereta de pescado y marisco con mayonesa
        de ajo al estilo provenzal 145
    Ensalada de gambas y achicoria roja con vina-
        greta de cítricos 142
    Gambas al pimiento picante y al ajo con alu-
        bias cannellini 138
    Pastel de pescado con puré de patata
        y coliflor 147
    Salmón al horno con especias al
        estilo cajún 131
    Salmón en leche con gremolata 132
    Salmón escalfado con mayonesa de lima y
        eneldo 133
    Tortas de salmón con beurre blanc 136
    Trucha sobre tabla de cedro con «alioli» de
        almendras 141
    Vieiras con jamón curado 134
    Vieiras doradas y ensalada de lentejas 140
Peso
    aumento de 12, 13, 14, 16, 18, 19, 21, 22, 31
    pérdida de 15, 16, 17, 19, 21, 28, 32, 33,
        38, 40
Pimientos morrones
    Kleftiko (estofado briego con cordero) 162
    Pavo con curri 123
    Piperrada 102
    Shakshuka 69

Tortas de salmón con beurre blanc 136
Pimientos picantes
    Bacalao con ensalada de col lombarda, mango
        y aguacate 129
    Bacalao con tomates secos y costra
        de pacanas 130
    Brócoli asado con aceite de pimiento picante
        y ajo 99
    Cordero al curri con arroz de coliflor 158
    Curri tailandés de verduras 108
    Gambas al pimiento picante y al ajo con alu-
        bias cannellini 138
    Guacamole con verduras crujientes 179
    Pollo y verduras en una bandeja de asar al
        estilo mediterráneo 116
    Saag paneer 105
    Vieiras con jamón curado 134
Piñones
    Coles de bruselas cortadas muy finas con
        queso pecorino y piñones 88
    Ensalada tabulé con quinoa 86
    Requesón con espiral de pesto 188
Piperrada 102
Planes de ayuno 203
Pollo
    Caldo de huesos de ternera y pollo 192
    Caldo de pollo al estilo tradicional 195
    Caldo de ternera o pollo hecho en olla a
        presión 193
    Higaditos de pollo con jerez y nata 115
    Muslos de pollo con limón encurtido 113
    Paté de hígado de pollo 177
    Pechugas de pollo escalfadas en
        vino rosado 114
    Pollo con costra de semillas de sésamo 118
    Pollo cortado en trocitos, aguacate y ensalada
        de gruyer 80
    Pollo marroquí con cúrcuma y
        albaricoques 119
    Pollo y verduras en una bandeja de asar al
        estilo mediterráneo 116
Pollo con costra de semillas de sésamo 118
Pollo cortado en trocitos, aguacate y ensalada de
    gruyer 80
Pollo marroquí con cúrcuma y albaricoques 119
Pollo y verduras en una bandeja de asar al estilo
    mediterráneo 116

Poner fin al ayuno
  Frutas del bosque con frutos secos tostados y
    nata 58
  Huevos escalfados con espinacas y jamón
    curado 66
  Huevos fritos con espinacas picantes
    y quinoa 63
  Huevos pasados por agua con espárragos
    asados 70
  Huevos revueltos con salmón ahumado y
    eneldo 65
  Parfaits de chía 57
  Sabrosas natillas de gruyer 64
  Shakshuka 69
  Tortilla clásica 59
  Tortitas de coco 60
Productos lácteos 30, 31
Programa de Prevención de la Diabetes 21
Proteínas 25, 29, 30, 35, 39, 51, 57, 58, 63,
  185, 189
Puerros
  Caldo de pescado 196
  Guiso de puerros y champiñones
    con panceta 94

Q

Queso
  Coles de bruselas cortadas muy finas con
    queso pecorino y piñones 88
  Huevos revueltos con salmón ahumado y
    eneldo 65
  Pastel de carne de ternera y puré de patata
    (cottage pie) con puré de queso 154
  Pastel de pescado con puré de patata
    y coliflor 147
  Requesón con espiral de pesto 188
  Saag paneer 105
  Shakshuka 69
  Sopa de cebolla con emmental 100
  Tortilla clásica (variantes) 59
Queso gruyer
  Delicioso pastel de carne con gruyer 156
  Pollo cortado en trocitos, aguacate y ensalada
    de gruyer 80
  Sabrosas natillas de gruyer 64
Queso parmesano
  Bacalao con tomates secos y costra de pacanas 130

Calabacín con parmesano 109
Ensalada de rúcula, higos y nueces con vina-
  greta de beicon 75
Quinoa
  Barritas de frutos secos con un adorno de
    chocolate 175
  Ensalada tabulé con quinoa 86
  Huevos fritos con espinacas picantes
    y quinoa 63

R

Rábanos
  Ensalada de burrata, espárragos y rábanos con
    vinagreta de lima 78
  Ensalada nizarda 83
Remolacha
  ensaladas asadas y crudas: de remolacha y
    zanahoria 85
  Remolachas con sus hojas 97
Remolachas con sus hojas 97
Requesón con espiral de pesto 188
Romper el ayuno 182, 185
Rúcula
  Ensalada de rúcula, higos y nueces con vina-
    greta de beicon 75
  Pollo cortado en trocitos, aguacate y ensalada
    de gruyer 80
  Tortilla clásica (variante) 59
  Vieiras doradas y ensalada de lentejas 140

S

Saag panner 105
Sabrosas natillas de cruyer 64
Salchichas
  Cassoulet rápido de pato 121
Salmón
  Huevos revueltos con salmón ahumado y
    eneldo 65
  Salmón al horno con especias al
    estilo cajún 131
  Salmón en leche con gremolata 132
  Salmón escalfado con mayonesa de lima y
    eneldo 133
  Tortas de salmón con beurre blanc 136
Salmón al horno con especias al
  estilo cajún 131

Salmón en leche con gremolata 132
Salmón escalfado con mayonesa de lima
    y eneldo 133
Semillas
    Barritas de frutos secos con un adorno de
        chocolate 175
    Crackers de semillas 187
    Parfaits de chía 57
Semillas de sésamo
    Atún con zaatar y salsa de tahini 144
    Crackers de semillas 187
    Pollo con costra de semillas de sésamo 118
    Vieiras doradas y ensalada de lentejas 140
Shakshuka 69
Solomillo de cerdo con las cinco especias chinas
    y salsa de ajo y jengibre 170
Sopa de cebolla con emmental 100
Suplementos de hierro 41

T

Tahini
    Atún con zaatar y salsa de tahini 144
    Coliflor asada con cúrcuma y salsa
        de tahini 107
    Humus de berenjena 180
Ternera
    Bistec de falda marinado en vino tinto y mos-
        taza de dijon 155
    Caldo de huesos de ternera y pollo 192
    Caldo de ternera o pollo hecho en olla a
        presión 193
    Caldo y sopa pho de ternera 198
    Costillas cortas de ternera con anís estrellado
        y pimienta de sichuan 152
    Delicioso pastel de carne con gruyer 156
    Pastel de carne de ternera y puré de patata
        (cottage pie) con puré de queso 154
Tés 199
    Lomo de cerdo asado rebozado con aliño de
        té 167
    Pato guisado al té con hinojo 122
    Tés de hierbas 200
Tés de hierbas
    Infusión digestiva 200
    Infusión relajante 200

Tomates
    Bacalao con tomates secos y costra
        de pacanas 130
    Calabacín con parmesano 109
    Caldereta de pescado y marisco con mayonesa
        de ajo al estilo provenzal 145
    Chili de pavo 124
    Cordero al curri con arroz de coliflor 158
    Delicioso pastel de carne con gruyer 156
    Ensalada caprese 77
    Ensalada tabulé con quinoa 86
    Gambas al pimiento picante y al ajo con alu-
        bias cannellini 138
    Pastel de carne de cordero con puré de bo-
        niato 160
    Pavo con curri 123
    Shakshuka 69
Tomates cherry
    Ensalada de gambas y achicoria roja con vina-
        greta de cítricos 142
    Ensalada nizarda 83
    Guacamole con verduras crujientes 179
    Kleftiko (estofado briego con cordero) 162
    Pollo cortado en trocitos, aguacate y ensalada
        de gruyer 80
    Pollo y verduras en una bandeja de asar al
        estilo mediterráneo 116
    Tomates pequeños asados en la sartén con
        tiras de albahaca 101
    Vieiras con jamón curado 134
Tomates pequeños asados en la sartén con tiras
    de albahaca 101
Tortas de salmón con beurre blanc 136
Tortilla clásica 59
Tortitas de coco 60
Triglicéridos 35
Trucha sobre tabla de cedro con «alioli» de
    almendras 141

V

Verduras
    Brócoli asado con aceite de pimiento picante
        y ajo 99
    Calabacín con parmesano 109
    Coles de Bruselas con mantequilla al ajo y a la
        mostaza de Dijon 95

Coliflor asada con cúrcuma y salsa
de tahini 107
Curri tailandés de verduras 108
Grelos con ajo y pimiento picante 104
Guiso de puerros y champiñones
con panceta 94
Hojas de col con leche de coco 98
Piperrada 102
Remolachas con sus hojas 97
Saag paneer 105
Sopa de cebolla con emmental 100
Tomates pequeños asados en la sartén con
tiras de albahaca 101
Verduras asiáticas con miso y aceite
de sésamo 92
Verduras asiáticas con miso y aceite
de sésamo 92
Verduras de hoja verde
Ensalada de gambas y achicoria roja con vina-
greta de cítricos 142
Ensaladas asadas y crudas: de champiñones e
hinojo, de remolacha y zanahoria 84
Grelos con ajo y pimiento picante 104
Guacamole con verduras crujientes 179
Hojas de col con leche de coco 98
Remolachas con sus hojas 97
Verduras asiáticas con miso y aceite
de sésamo 92
Vieiras doradas y ensalada de lentejas 140
Vieiras con jamón curado 134
Vieiras doradas y ensalada de lentejas 140

Vino y coñac
Bistec de falda marinado en vino tinto y mos-
taza de dijon 155
Caldereta de pescado y marisco con mayonesa
de ajo al estilo provenzal 145
Caldo de pescado 196
Delicioso pastel de carne con gruyer 156
Higaditos de pollo con jerez y nata 115
Panceta de cerdo con anís estrellado 166
Paté de hígado de pollo 177
Pechugas de pollo escalfadas en
vino rosado 114
Salmón escalfado con mayonesa de lima y
eneldo 133
Sopa de cebolla con emmental 100

Y

Yogur
Cordero al curri con arroz de coliflor 158
Frutas del bosque con frutos secos tostados y
nata 58

Z

Zanahorias
Ensalada de col lombarda y col de Saboya con
nata fresca 81
Ensaladas asadas y crudas: Remolacha y zanahoria 85
Pastel de carne de cordero con puré de boniato 160
Pastel de pescado con puré de patata
y coliflor 147